AQUARIUS

AQUARIUS

AQUARIUS

AQUARIUS

Vision

一些人物，
一些視野，
一些觀點，
與一個全新的遠景！

活得像個
穿制服的人
我是警察
王愉宇——著

當我結束最後一班勤務，回到派出所時，我都會鬆一口氣。

每卸下一件裝備，就像放下一道重擔。

把槍放回槍櫃時，我會覺得這是今天最有成就感的時刻——我沒需要用到它，真是太好了。

我可以在出入登記薄，寫下「退勤」這兩個字……但，有些人已經沒有機會退勤了。

涂明誠、曹瑞傑、薛定岳、李承翰、王黃冠鈞、郭振雄、葉家豪、陳啟瑞……還有許多早已被遺忘的警察，他們仍然繼續在勤務崗位上。

【推薦序】千里之行，始於覺醒

吳忻穎（前檢察官；《扭曲的正義》作者）

承蒙本書作者王惀宇先生與寶瓶文化副總編輯張純玲女士青眼，邀請我為這本書作推薦序，因此有幸得以在聖誕假期期間，提前一覽本書書稿，也透過作者警職實務工作者的視角，回顧我昔日在司法實務工作中，曾經經歷的那段蕭瑟與掙扎。

這本書的敘事脈絡，不同於坊間某些帶有特定政治目的性而歌頌或誇大特定職業，並予以「英雄化」或「神像化」的杜撰小說或政治宣傳書籍，而是植基於第一線的警職基層實務工作經驗，務實地書寫其所見所聞，並以帶有批判的角度，點出外行人所不明就裡的我國警察制度下的困境——醬缸制度與警察心理健康問題、警政績效弊端、「包山包海」甚至可能不務正業的警察業務、員警死亡的悲劇——並嘗試以其基層觀察角度來點出問題的根本原因，以及在體系浮沉中，所見到的「平庸之惡」和覺悟。作者並未以華麗的詞藻來包裝或渲染情緒，而是以樸實的文字描述實際發生的案例事實，然而，正是因為如此寫實的心路，反而尖銳地直指體制核心。

作者所舉的事例、點出的問題，例如我國警界盲目追求的績效制度與競爭、不公正以及不明所以的懲處制度、某些悖於法規與專業理論且沒有意義的勤務、不合理的上級命令、法治教育不足導致一一〇淪為大眾「許願機」等亂象，在我昔日從事檢察實務工作時，便曾經親眼見聞或耳聞警職人員的抱怨，甚或本於檢察官的法定職權，必須依法去解決這些警察制度沉痾帶來的違法問題。

作者和昔日的我分別居於基層員警和司法的不同視角，但卻看到許多相同的事情。所以當我在閱讀這本書時，對於作者所描述的體制內「另類日常」並不感到絲毫驚訝，因為那許多問題也是我昔日必須解決的「另類日常」。例如扭曲的績效制度導致身為偵查輔助機關的警察在從事偵查工作時，產生合法性危機，直接衝擊甚至造成檢察實務的災難，不但為警界與司法界人士長期所詬病，近年來，連續多起基層員警鋌而走險、以犯罪的手法來達成績效要求，最後東窗事發而遭到起訴、判刑的新聞一報再報，也成為公眾周知的事實。然而，問題一再重蹈覆轍，卻未見根本性的變革。或許這本書的重點是從基層員警的視角與經驗出發，所以並沒有一一列出這些警察違法的判決字號與判決理由來深入地分析與說明（因為那是司法的視角），但由作者的觀察視角所提到的「無論是在單位指導新進人員，或是回學校當助教教學生，比起『怎麼做是對的』，大家更想知道『怎麼做績效最多』」，「最後大家在意的是如何達到績效」，「那些被逮捕的人民，對警察來說就只是數字，準備在績效表上畫下一撇」，卻恰恰說明了法院判決（司法視角）認定警方違法拘捕、違法搜索的背後故事與原因。

因此，這本書所提出的一連串警政體系問題，不只是警察勞權議題，更成為我國能否走向真正法治國家的關鍵。「無論是警察或人民，都該走出警察國家的陰影」，這不該只是作者的感嘆，而是身為法治國公民的我們，都應該正視的危機——難道理應受過現代法治教育的公民們，在不知不覺中，成為重新走回警察國家的老路的幫兇了嗎？

如果對我國的警察體制與文化有所了解，應可想見這本書的出版，可能是我國警政高層與政客所「不樂見」，更可能「得罪」體制中的高層，甚至也引發同處醬缸體系久而不覺其臭的某些同僚們感到不快。然而作者身處在該高度服從性、甚至使人逐漸麻痺的權力結構體制中，亦即其在書中所描述的「警察沒有說話的權利」的環境中，仍然勇敢地選擇具名的負責方式，書寫其經驗並發表，正如其從事警察勞權運動的經歷——雖千萬人，吾往矣。

作者從事「體制內改革」的經驗，乃至於於本書書末所言「不知道要如何懷抱希望」，以及面對所謂「要當官，才有尊嚴」的聲音時，其害怕被體制扭曲成那些當官的人的樣子，在我看來，亦是心有戚戚焉。然而作者與我所做的選擇的最大不同，在於我在昔日司法實務的經驗中，看到了縱然掌握了一定程度的法定權力，也無力改變扭曲的體制與人心的無奈，所以選擇離開體系，並出國進修，期望從他國的經驗中尋找答案；而作者選擇留在基層的崗位上，繼續扮演烏鴉。

我三年前所放棄的那個檢察官的位子，或許是基層員警視角中「有點權力」的職位。在那個位子上，有權力指揮司法警察官——包含作者視角裡掌握權力的那些警官。那些對著基層員警作威作福、下達不合理指令的警官——在我當年視角所看到的（至少在我面前），是鞠躬哈腰、見人說人話，但對於其曾經下達的違法命令是堅決否認到底，且向我強調：「我們都要求基層依法行事。」

我也曾經在那一個有些權力的位子上，進行「體制內改革」。基於刑事訴訟法所賦予的法定使命，依法主動調查因為不合理的績效制度而誘發的警察犯罪案件——新北警斬手專案「騙票」案。那個專案績效的系統弊端誘發的數名員警犯罪案件，後來經法院一、二審判決，全部有罪定讞，上了新聞、也成為警察考試的考題。司法實務界對於警方績效制度所引發的犯罪，也有許多後續反應，例如後來陸續經不同地檢署檢察官查獲並起訴、經法院判決有罪的幾起「騙票」案，以及作者在書中所舉的例子——直批警方「跟著學長亂搞便宜行事」、「不顧程序正義」、「基層員警只能被迫向扭曲之績效制度屈膝投降」、「仿效『長官紅人』辦案找績效以致快速同流合汙」等判決。當時曾經有許多改革運動者滿腔赤誠地抱持期待，希望「騙票案」等判決後，能夠衝擊警方扭曲的績效制度。

但最後的結果呢？恐怕殘酷的現實讓許多有志之士失望了。在我離職後的這三年來，績效制度繼續扭曲，以新瓶裝舊酒的方式，推出各種績效競爭。作者書中所描述的問題，宛如電腦複製、貼上的腳本，不斷上演。已經扭曲的體制，讓沉溺其中之人心態扭曲，反過來又讓體制更加扭曲——這樣的惡性循環，不是單憑幾個掌握權力者所能矯正過來的，也不是自己爬上去享受自以為是的「當官的尊嚴」便可滿足的。面對人與體制共同扭曲的環境，作者所期待的「人人都有尊嚴」不是一個簡單的任務，毋寧是要靠著集體法治教育與價值觀的匡正，由下往上、由上往下，同時併行。但這抵抗的是自私的人性與扭曲的結構所共構的惡性循環，還有諸多盤根錯節的政治問題與人民集體價值觀的問題，所以艱鉅，所以令人無力。

然而我們該澈底絕望而放棄嗎？不，歷史上所有波瀾壯闊的變革，都始於每個千里之行的足下。我們到底能不能告別警察國家，走向真正的法治國家？取決於每個公民的覺醒，以及行動。這或許便是作者寫這本書的初衷，至少，人們必須看到問題。

我雖然在三年前選擇離開「體制內改革」的路線，但身為曾經經歷那條路上風風雨雨的人，對於仍然堅持在實務體系內，持續堅持改革的工作者，我認為應該予以支持，於是作此推薦序。

——吳忻穎二〇二二年十二月二十五日於德國Göttingen

吳忻穎：德國哥廷根大學（Georg-August-Universität Göttingen）法律學系暨臺灣大學法律研究所博士生。曾任澎湖、新北地檢署檢察官，具有刑事偵查、公訴與執行實務經驗。曾參與司法改革，並長期於媒體投書針砭時事與檢警體系。已出版《扭曲的正義——檢察官面對的殘酷真相，走向崩潰的檢警與媒體》。

【推薦序】

最沉痛的指控，也是用鮮血寫出的悲哀

李茂生（國立台灣大學法律學院教授）

幾年前替某單位做了個研究計畫，這才知道警察的績效以及專案制度的可怕，當然其背後的各單位評比機制更是令人瞠目結舌。而警察裝備不足、不佳，連祕錄器都私費購買一事，更是眾所皆知。更遑論令人咋舌的繁忙警察業務，各行政單位都要求警察支援，令他們疲於奔命，連休息的時間都被剝奪。在這些負面訊息的散布、流傳下，有時真會令人懷疑為何會有人還想要去當警察。

當然啦，或許會有人認為警察穿著制服、腰配警槍與通訊器材，一整個表彰了國家權力的象徵，足以指揮或甚至壓制國民（不順從的莠民），令其順服，這種權威的滿足感，不是一般職業所能提供，所以雖然累，還是會有人想去當警察。這點在臨檢的情形，更是顯露無遺。然而，果真如此？姑不論這種想法可能僅是想像，縱然權威的滿足是個事實，就像見警率的討論一樣，到底臨檢除了擾民外，還能夠發揮多少治安的效果，此誠令人質疑。最終這種權威的展現就僅是擾民的警力浪費。從事臨檢工作的警察，應該會從經驗中發覺，這僅是警力的消耗而已。警員們難道不會察覺這僅是貶抑以及剝削其勞動力？也就是說，難道警察們都不知道國家苛待了他們？令其與民眾產生對立，一方面鼓吹警察是人們的保母，但另一方面卻令警察的社會評價低落。

現行的警察制度到底有多麼不合理，除了外部的觀察外，更值得信賴的應該是內部烏鴉嘴的告發。本書是位從事基層警員十餘年的烏鴉，所為血淚建言。能不能發聾振聵？這點，我是不能確認，因為有些人已經耳朵長繭。但是如果不發聲，則縱然這些人裝傻，也沒人知，而發聲的話，至少能令這些人耳朵發癢，這樣或許有機會改變整個的體制。

其實，與其等待耳朵發癢的「聖人」的降臨，毋寧從自身的變革做起，或許這才是本書所期待的改變，亦即從底層展開的革新。作者說：「如果能從養成教育開始，確立警察任務的核心價值，使警察從強調服從與階級的團體，變成民主憲政的守護者。從信仰權力變成信仰權利，遵守紀律變成遵守法律……是否能找到諸位長官企望的執法尊嚴，以及我們所盼望的警察尊嚴？」這句話的真諦應該就是指著從基層展開的「革新」。

作者分成三部分詳述基層警員的悲歌。首先，作者提到目前警察所面臨的困境，這包含了不合理的體能訓練、鎖不起的槍櫃、當長官就是關（官）老師、拍馬逢迎的官場文化、優於法律的行政命令、荒唐無用的交整崗、為了績效的督勤、購物用餐以及穿衣的過度規制等。

其後，作者觸及了最令基層員警頭痛的績效制度（其實應該還有專案制度，不過作者並沒有多加著墨），並稱其為失控的正義。作者提及為何大家都知道這個制度的弊端，但仍舊繼續執行的疑問。在論及績效後，作者詳細地描述基層員警日常之痛，亦即包山包海的繁重業務。除了內部的荒唐槍械檢查、不合理的輪班制度等造成休息時間永遠不夠的現象外，警察還必須負責反毒宣傳、酒醉者的管束等工作。問題是不僅民眾有問題就打一一〇，連環保局、動保處、水利局、衛生局、移民署等，這些負責開單處罰的單位，其實其查緝都是靠並沒有受過這類專業訓練的警察。

作者稱這些情事造成了台灣獨特的警察國家形象，並且造成警察的過勞與早逝。作者說：「因為警察很方便，就變成所有機關的下屬，但我們有因為處理這些勞務獲得應有的報酬嗎？被使喚了這麼多年，如今我已不奢望他們會補償我們那些應得的。但至少，把那些不屬於我們的拿走吧。」真是一語道破基層警員的心聲。

在論及以上三大「弊端」後，作者透過對逝去警員的緬懷，大力抨擊當有警員不幸殉職後的高層反應。追贈官階或大聲疾呼嚴懲犯罪者，根本無濟於事。作者說：「一邊大呼司法判決不公，一邊迴避行政機關該有的責任。一邊說要捍衛執法尊嚴，但實際上，卻不在乎員警的尊嚴」、「對我來說，有充足的訓練、完善的裝備、能夠支援的人力，同時大家遇到狀況時都能保持警覺，並能擁有正確回應的體力與精神，比對方有沒有被處死，更重要」、「一位在中山分局任職的學長，被警車後座的通緝犯拿刀刺死……監察院在事後提出糾正案，說明本案有諸多需要改善之處：警力調度不當；勤務制度不合理，導致員警勤業務量繁重；連續服勤十二小時以上，影響勤務品質；教育訓練成效不彰……監察院在十年前寫的內容，在李承翰事件發生後，還是可以複製、貼上，繼續沿用。我們一直在重複一樣的錯誤，然後繼續讓錯誤一再發生。等一段時間過去，他會變成『曾經死去的眾多警察』中的一個，並漸漸被眾人遺忘」。

我原文照錄，因為這是最沉痛的指控，也是用鮮血寫出的悲哀。那麼為何作者如此痛斥現況，但仍舊繼續在基層服務？作者的下一段話充分表露出其對警察工作的期待與滿足。其謂：「只是工作的疲累，並不會讓我如此痛苦」、「處理案件，如果能夠解決民眾的問題，我會覺得很踏實。排解糾紛，如果能平安排解，我會很有成就感。壓制衝突現場，就算身上掛彩，我還是會認為自己有所貢獻。真正痛苦的，是你知道自己大多在做無意義的事」。

那麼，以上的現象是否有改革的可能性？作者提到基層警員的一般夢想或自我期許，就是當警「官」進行改革。但是，於此作者表現出令人驚豔的哲理深思。作者說：「那麼，我想做的是什麼呢？比起『我要當警官，才有尊嚴』這個現實，我更想實現『大家當警察很有尊嚴』這個夢想。」因為作者認為：「想要改變系統，你得獲得權力；但等你獲得權力，已經變成系統的一部分……這個系統只會把我們所厭惡的一切繼續複製下去，就算是年輕的思維、光明的理想，想要在這個環境生存，他就必須要捨棄這些個性，成為一個『警官』來維持這個系統。」這簡直就是班雅明在〈論暴力〉這篇文章所論述的重點。

護法的力量一定是保守的，當想要在外頭利用革命的力量推翻護法的力量時，一旦成功，革命的力量就會成為新的護法力量，繼續保守。班雅明主張必須在護法與革命兩力量間找出純淨的力量，這樣才能維持、保護住每個人的尊嚴。而本書正是作者用其血淚所形成的純淨力量，期待這股力量能在所有員警心中生根。

【自序】一個平凡警員的故事

「你工作這麼多年，應該有一些特別的故事可以分享吧？」編輯這麼跟我說，希望我能寫充滿故事性的文章。

類似的要求，在我受邀演講、上節目時都會聽到。不過，每次我聽到這類要求時，都要花很多時間思考：怎樣叫做特別的故事。

寫這篇序前，我才跟四個同事與現行犯搏鬥，把他壓在地上上銬。我的手臂還被他劃了一條八公分長的傷口。

對非警職的朋友而言，或許會覺得這是一則特別的故事。可是如果不是刻意回想，我真忘了這件事。對我們來說，那就像「前天晚餐是肉絲炒飯」一樣不重要的日常。

這些事不時發生在我們每天的生活中。結束後，我們還是過著這樣的每一天，不會覺得是什麼值得大書特書的事。

那些「有趣的故事」，對當事人來說，也不怎麼有趣。要不是刻意去忘掉，不然就是壓根兒不想放在心上。

很多人誤以為警察工作充滿各種刺激的冒險，或者警察工作的辛苦是來自重大意外；但其實多數警察工作的痛苦，不是遇到什麼大風大浪的痛擊，而是各種小波折不斷地侵蝕。依法舉發民眾違規，卻得忍受民眾的冷嘲熱諷。為了辦案不眠不休，最後只得到長官口頭嘉勉。為了績效的要求賣命，出了問題，長官卻不聞不問。依法行政卻被投訴，但上級卻沒有調查，就懲處了事。被其他局處當跑腿，到最後還被究責，每天跑法院。這一份工作比別人承擔更多的責任，背負更多的風險，也累積了許多創傷，多到連我自己都記不清楚。

我寫這本書時，也得努力回想這十餘年累積的點點滴滴，寫起來就像被揭開傷疤一樣。然而要警察說故事，還有其他難處。眾所皆知，警察言行受到很嚴格的限制，也很容易被放大言論。

當年我寫論文時，不少警察拒絕我的訪談，他們擔心可能會曝光而被上級找碴。就連這本書也是如此，為了保護關係人，書中的故事皆經過大量改寫，以免影響到當事人。過去，我無論是媒體投書、臉書寫作，都會受到各級長官的密切關注。如果我沒有做這些事，應該可以過上更輕鬆的人生吧？

但儘管有這麼多阻礙，我還是想要寫下我們的故事。

「這會造成你的負擔嗎？」

明明知道這些問題，卻視而不見，對我來說，才是負擔。

從開始對警政議題公開發言後，我就清楚自己在這個圈子將永不翻身，但又如何？就算曾上台受獎、連年考核優良、擔任代理幹部，依然無法解決這些問題。無論再怎麼努力配合上級要求，還是無法幫助到那些被拋棄的同仁。

這樣的日子，是我想要的嗎？這樣的體制，是我們想要的嗎？這樣的警察，是這個社會需要的嗎？

這本書不是某警員的傳記，而是基層員警的血汗。

如果你覺得書中的某些情節很熟悉，猜想這是不是周遭哪位親友的故事，那其實沒什麼意義——類似的事情常常在發生，這就是基層員警的日常。

紀錄者的我，也只是一名普通的派出所警員。沒有波瀾壯闊的冒險，沒有曲折離奇的怪譚，沒有動人心弦的故事，沒有足以傳世的偉業。

我只是一個照表上班、隨處可見的基層警員。沒有特殊經歷，也沒比其他人更有能力，更沒什麼值得大書特書的事蹟，所以我遇到的，每一個警員都會遇到。

這本書所寫的，僅是我們的日常。是在你身旁當警察的伴侶、子女、父母、親友、鄰居……身上會發生的事。

我們並不特別，也不希望特別。

我們只是穿著制服的平凡人。

目錄

目錄

輯一

我們從未知曉的員警困境

【故事的開始】

Morituri te salutant 赴死者向您致敬

某天，我接到一位因跑步測驗過世的學長家屬來電。他們特地大老遠跑來我的住處，感謝我，幫他的家人發聲。

我說不出話來，我心中只覺得萬般抱歉……

始於悲劇

我開始固定在媒體發表議論，是因為台中市第六分局員警發生交通事故殉職。

我第一次公開露面，是因為台北世大運維安問題讓許多同仁身心受創。

我第一次報紙投稿，是因為高雄市林園分局員警在三千公尺跑步測驗時身亡。

驅使我去做這些事情，必然是因為某些悲劇的發生。

每一次，我都憂鬱地看著相關報導，盡力強迫自己振作精神，去蒐集、分析相關資料。研究會導致悲劇的可能原因、是否有其他案例、是否有明文的法律規定、是否沒有明文的工作指示、國外的做法、有沒有相關的學術文獻、可能的解決方式……

在結束一天十二小時的勤務，努力讓自己不會有著跟他們一樣的遭遇外，一回到住處，我就開始我的研究。嘗試完成那些本應屬於管理階級該做的事，並盡可能讓自己還有四個小時以上的睡眠時間，以繼續下一段十二小時的勤務。

「這樣很辛苦啊，你要好好注意健康。」我的指導教授對我說。

可是，老師，他們已經不能注意健康了。

他們不應該死的

二十歲，剛從警校畢業才半年，我看著他在臉書上貼著與同學一同出遊的相片、訴說未來的計劃……但那個網頁已經不會再更新了。

三十歲，是家裡的經濟支柱，被工作壓力逼得喘不過氣，選擇自己結束生命，留下來的家屬甚至不知道兒子為什麼死了。

四十歲，家裡還有妻子與小孩在等待他回去，從來沒有想過一個訓練竟然會讓自己的丈夫再也無法回來。

他們不應該死的。如果我們再多做一點的事，他們可能仍會好好地活著，繼續為這個社會奉獻，所以我永遠都覺得自己做的不夠多。

如果再多做一點研究、再多寫一些論述、再多一個人看到、再有更多人想改變，也許就可以不讓悲劇一再發生。

「你不要再說了，只要安靜聽話就好」

……然而，我能夠得到的，還是絕望。

我費盡苦心思考的建議不一定能救到人命，但上級錯誤的決策很輕易地就能殺人。明明知道這樣做會出人命，也已經有人為此枉死，但你還是只能看著下一個犧牲者出現，而且你自己也正在重複他們做的事。就連你想要發出臨死前的慘叫，也是不行的。

「你說得沒錯，但你不能說。」當我指出某項政策的問題時，長官會如此告誡，或「你說得很有道理、你的想法是正確的、你的建議很中肯——但是，你不要再說了，只要安靜聽話就好」。

輪班，讓員警永遠疲憊

我開始思考訓練安全的問題，也是因為一連串偶然的事件。

雖然不像有些同事會刻意鍛鍊身材，但我還是會做一些基本的肌力訓練。過去，我是學校游泳隊與棒球隊的一員，在警察中，體能應該算有平均水準，但我也發現工作對於自己健康的侵蝕。

輪班工作會讓你的生理健康大亂，飲食作息愈來愈不健康，永遠都覺得自己很疲憊，下班只想睡覺，也沒時間運動，勉強自己運動後，上班時只會更疲累……儘管如此，我還是盡可能讓自己的體能可以保持。

很久以前，當時的長官提到要加強體能，於是便選了三天的下午，編排團體訓練，要大家一起去爬山。

警察訓練是一件很麻煩的事。由於派出所都要輪班，勤務編排都把人力算得剛剛好，你很難讓大家都有充沛的休息，再接著訓練。

而且訓練科或督察組都是正常周一到週五、朝九晚五的上下班時間，如果你平日剛好輪休或深夜勤，就得配合他們的業務時間停休。

「不能增加訓練的辦理次數，讓外勤員警既能正常輪班，又能參加訓練嗎？」但如果這樣，就會增加長官的業務量了。

另外一個現實的問題是，**警察機關沒有那麼多訓練的預算**。

你辦訓練，場地、器材都需要花錢，如果少少幾次就能讓全部人都完成課程，對長官來說，這樣既省錢又省事。所以這些訓練，常常都會要求外勤單位要在兩三天內，讓所有人都到訓。

對派出所而言，光要排班就會是一大考驗，而就員警個人而言，能不能健康地去參訓，也是一個問題。

不過，這已經是警察少有的訓練機會了。

每次當有問題發生時，上級很常把原因歸咎在「訓練不足」，然而我們的訓練時間卻少之又少。除了前面講的期程短以外，因為警察的業務過於雜亂，需要訓練的東西太多。每個月八小時的訓練，仍難以消化專業技術課程。至於體能訓練，就只能自求多福了。

多虧我出「意外」，分局長取消訓練

那一次，我早上八點才下班，但中午就得起床去常訓。雖然我的腦袋昏昏沉沉，不過還是努力撐住身體，爬上山坡。

不知過了多久，剩下最後一段階梯時，我感覺腳已經沒力了，有些發麻。於是，我坐在一旁的階梯休息。但這一坐，我就起不來了。我的視線愈來愈模糊，感覺吸不到空氣，身旁有愈來愈多的人圍過來，他們開始大喊大叫。

我聽到組長的聲音，他似乎很緊張地問教官「救護」、「醫院」之類，然而警察訓練通常不會特別預備救護器材，大都等到出事了，才開始聯絡救護車。

雖然可能不過幾十分鐘的時間，但我已失去對時間的感覺。我只覺得離他們很遙遠，彷彿他們在說與我無關的事。

或許我的身體還算年輕吧？救護車將我送醫。我躺在病床上，吊個點滴，休息幾個小時，我的思緒漸漸恢復，開始有「剛剛是不是不太妙啊」的想法。

那一天過後，分局長宣布取消這一項訓練。幾個同事特地過來感謝我，多虧我出「意外」，讓他們可以不用像我一樣深夜勤結束或停休回來爬山，實在令我哭笑不得。

但如果我會這樣，那些四、五十歲的資深學長姊呢？或是得二十四小時輪值的偵查佐、值勤員？我可以撐半小時後才接受治療，其他人可以嗎？

訓練導致的重傷害，每兩年就發生一件

做這份工作，我並沒有期望自己會有好下場。

我想過自己站在路口時被車撞死、在盤查時突然遭受攻擊而死、在混戰中莫名其妙死去，或是暴斃在堆滿公文的辦公桌上……

我們可能隨時會因為工作而死。不過，如果真的如此，至少還能說我們是盡忠職守、為國捐軀來自我安慰，但死在自己人安排的訓練場上，那可是我完全不希望有的結局。

原本是為了增進警察職能的訓練，但卻成為員警的死因，而本來應該是要提供照顧保護的警察機關，卻沒能給予應有的保護，導致悲劇的發生。

這會是最為諷刺的因公傷亡，但令人難過的是，這樣的事並不罕見。

二〇一一年九月十九日，基隆港務警察總隊新港分駐所警員林三民在跑步測驗時昏迷倒地。因為預算問題，第一時間現場並沒有救護器材，最後是用警車將他載往醫院急救。

法院認為機關未依規定備妥相關防護措施，「本即不能貿然舉辦跑步訓練」，認定機關有過失，需賠償家屬。但林學長已因此半身不遂。

二〇一七年十一月二日，警專學員廖志昕在跑步測驗中休克倒地，教官卻指示其他同學暫緩通知一一九，導致延誤就醫。

法院判決警專明顯有流程疏失，然而廖學弟已變為植物人，僅留給家人無限的痛苦。

我難以想像林學長的太太、廖學弟的父母，知道自己的家人變成這樣後是什麼樣的心情。

而光是這類因為訓練導致的重傷害，近乎每兩年就會發生一件。

這些事情讓我開始思考訓練安全的問題。當意外發生後，上級大都會說是同仁的身體本來就有問題，絕對不是勤務過重、防護不足，彷彿這樣機關就沒有責任了。

但真的是這樣嗎？依據「公務人員保障法」，公務人員執行職務之安全應予保障，機關必須提供適當的安全防護措施。

為了確保警察的執勤安全，也為了保證警察行政的品質，機關有必要提供足夠的訓練來維持員警職能。

我們的身體已經不是自己的了

然而，我們的訓練時數本來就已不足，所以教官大都會集中於測驗項目的射擊與逮捕術。把訓練時間花在這些技術項目，並沒有多餘的訓練時間讓員警加強體能，教官只能鼓勵大家「身體是自己的，要自己利用時間鍛鍊」。許多人平常沒有體能訓練，就這樣參加三千公尺跑步測驗。

但我們的身體已經不是自己的了。

為了滿足長官們的勤務要求，我們讓自己的身體變得不成人樣。而這些測驗，很多都是不安全的。為了配合業務單位的上班時間，選在夏日最炎熱的下午三點施測，沒有準備符合規定的防護器材，甚至連相關安全指引都沒有。

許多人在測驗前、結束測驗後，還要執行高強度的勤務，這些都會是導致員警身體傷害，甚至是生命危險的因子。

希望找到讓大家安全回家的方法

什麼是警察職能必要的測驗項目？又該如何規劃相應的訓練？在過程中，應該提供什麼防護措施？我希望找到讓大家能安全回家的方法。運動科學、職業災害並不是我熟悉的領域，但總得有人去做。

「三千公尺是警察職業必要的能力嗎？」為了這個問題，我查遍了各國警察的訓練教材，瞭解各國警察如何評定員工必要的能力，以及思考我們日常執勤是否需要這樣的體能。心肺能力、肌耐力固然重要，但可能不是警察職能最核心的項目，也有更為合適的評量方法。

當又有一名學長因為三千公尺跑步測驗過世時，我決定在報章上撰寫相關議題的文章。雖然三千公尺跑步對我來說不是問題，我也覺得中長距離跑步可以是一個很好的訓練項目，但**我們還是需要一個聲音去說：「這樣是不行的。三千公尺並不是警察職業必**

要的核心能力，而且現在的測驗方式不安全。這不能當作測驗項目。」

那篇文章被刊登後獲得了許多迴響，甚至還有一些運動科學專家分享、解析，然而，我們還是盼不到上級的回音。

我一邊讀著各界對於文章的支持，一邊繼續跑著三千公尺測驗。

「這是一個很複雜的議題，警政署需要很多時間來改變。」我這樣說服自己，但我們還有多少時間呢？

半年過去，又有一名學長因為跑步測驗過世了。

我不知道還能說什麼。如果連科學都無法說服長官，那麼這只能是一種信仰吧？承襲自軍方建立在警察中操練基層的傳統，讓我們對於三千公尺測驗的地位深信不疑。寧願忽視各種專家言論與文獻研究，也要繼續用危險且不必要的方法來考驗同仁。

我難過到無法言語了，但有許多朋友希望我為他們說話：

「長官挑下午兩點的大熱天測驗，根本就是草菅人命。」

「機關還下了封口令，不准同仁討論。」

「他們根本沒有幫助家屬，只是想趕快把事情結束。」

「拜託了。你一定要為他、為我們發聲。」

我又再度拿起筆，並希望這是最後一次。

如果這項測驗對我們的執勤能力沒有必要，甚至我們根本無法安全地舉辦，那這些人因此喪命究竟是為了什麼？我們有需要為了這些事，冒著生命危險嗎？

長官當眾質問：「你說不測三千，那你跑得過歹徒嗎？」

數個月過去，因為三千公尺測驗所導致的職業災害仍在持續發生。

除此之外，我還得回應來自各方的反駁意見。有位長官當著眾人的面質問我：「你說不測三千，那你跑得過歹徒嗎？」

現實上，很少會有跑三公里追逐犯人的情境。許多時候都是趕快使用手邊的交通工具追逐，或是利用攔檢圍捕戰術，這反而應該是要強化駕駛技術與戰術演練，才符合實務狀況。

國外早在三十年前就有研究，統計警察平均的追逐距離約為八十七公尺，因此長距離跑步並不是適合衡量警察職能的測驗方式。

此外，ＦＢＩ也有研究發現，徒步追逐可能導致警察使用武力等級升高，因為運動後的緊張與壓力會導致情勢更為惡化。

經常以長距離跑步為訓練、測驗項目，反而讓員警忽略更重要的核心力量與爆發力，因為員警不知道如何在短時間內將自己的力量發揮至最大，甚至可能會對員警執勤造成危險。

警察的在職訓練，反而製造更多問題

但反過來說，三千公尺跑得過，就能適任警察嗎？若是以考核職業能力為目的的「測驗」，那麼是否更應該重視核心職能？若平時又因為業務、勤務沒有定期的訓練，而只有一次因應業務要求的測驗，這樣的做法，真的有助於提升工作效能？以「精神毅力論」來探討三千公尺的必要性，是不是反而突顯了它的非科學？可惜**警察太多應付表面的工作，反而忽略更應該重視的東西；而導致的犧牲，卻又容易被忽視**。

警察的在職訓練無法幫助我們解決問題，卻製造出更多問題。

我們對警察的期待，是迅速控制現場，確保所有人安全的技術與力量，還是三千公尺跑十二分鐘？

然而，我的聲音被淹沒在洪流之中。

害死這些人的，是否就是對現有制度的迷信，與對改革的顢頇怠惰？我們還要死多少人？花費這麼多時間、金錢訓練的員警，還要在這些無意義的東西上耗損多少？

我繼續跑著，不斷思索這些問題。

他們因為各種殘酷的原因離開，而我隨時會加入他們

某一天，我接到其中一位跑步測驗過世的學長家屬來電。他們特地大老遠跑來我的住處，感謝我，幫他的家人發聲。

我說不出話來，我心中只覺得萬般抱歉。身為警察的一員，卻看著警察死在警察的體制下，我感到很抱歉。

然而，從我嘴裡說出來的道歉，一點意義都沒有，應該要有更高層級、可以代表整個警察制度的人跟他們道歉。

學長家屬對我說：「我們真的很謝謝你。你真的辛苦了。」

……不……並沒有……請不要這樣……我根本……沒這個資格，被這樣說啊……

那位學長在我爭論這個議題的過程中離世，對我來說，就像一個永遠的遺憾。

他們的道謝只是在告訴我，無論未來如何，這裡有一個已然發生、永遠無法挽回的悲劇——而我所有的作為，都沒辦法阻止悲劇的發生。

他們對我低頭道謝時，我感覺心都要碎了。

——為什麼？——為什麼會這樣？——為什麼明明都這樣了……還是什麼都沒改變？

他們離開後，我回到房間，關上門，在黑暗中靜靜地流淚。

●●●

我看著他們因為各種殘酷的原因離開。

這些原因是我們所製造的，而我隨時都會加入他們。

Morituri te salutant——「赴死者向您致敬」，這並不是英勇戰死者的遺言，而是羅馬時代一群戰士被命令在演習時相互廝殺，在絕望中，祈求皇帝憐憫的吶喊。

關老師——警察的心理輔導，是警察的長官……

無論被車撞、在街頭鬥毆被打、被抗議群眾衝撞、攻堅逮捕持槍犯嫌，我們隔天都是照常上班，不會有什麼心理輔導。

「X他媽的！」學長暴躁地把罰單本往桌上一扔。

學長會這麼生氣，也是可以理解的。案件一直來，已經忙成一團亂了，連巡邏表都沒空簽，結果督導官還說學長沒站路檢點，要處分他。

「站三小路檢點啦?!你去處理案件啊！只會出一張嘴……」

學長一直憤憤不平，對著不在場的督導官一陣痛罵。

「好啦，別講啦，到時候〇巡官來調監視器，發現你在罵他，又要補一支申誡給你囉

～」

通常警察都是這樣安慰同事的。

然而，辦公室氣氛還是一片低迷。最近督勤真的太多了，三不五時就會有長官來。如果加上今天，這禮拜已經有六個同事被處分了。

頻繁的督導讓大夥兒精神都很緊張，也比平常更容易激動。但這終究不是什麼好事，如果學長控制不住，因而在外面與民眾發生衝突，就更麻煩了。

「關老師」無法發揮實質效果

「我們應該有什麼心理輔導機制吧？」我問了一旁的師傅。

學長們聽我這麼說，露出詭異的笑容。

「你是說『關老師』喔？」師傅說。

關老師是警察心理輔導人員的代稱。依據警政署的說法，取這名字是為了要他們能「關心同事」。

「對啊，可以提供心理諮商之類……」

「那麼，你知道我們分局的關老師是誰嗎？——就是○巡官！」

「咦?!」

這也太荒謬了吧？專門查勤務紀律的督察組巡官是關老師？先不討論這有沒有諮商效果，光是要保護個人的隱私，都沒辦法吧。

假如學長因為這支申誡想要諮商，他打電話到督察組，找剛剛處分他的巡官：「長官，您好。我剛剛被您砍了一支申誡，心裡很不舒服。我找您諮商的事，要幫我保密，不要跟您說。」

怎麼想，都太荒唐了。

或許也是因為這麼荒唐。幾年過後，警政署下令將心理諮商業務從督察組移到祕書室，似乎認為這樣，大家就會比較安心。

但無論是督察組還是祕書室，他們都還是長官。只要還是長官擔任你的談話對象，沒有人會放鬆心情，暢所欲言。

何況分局內職務的調動稀鬆平常。有一年，剛好就是督察組長接著擔任祕書室主任。前一年才說要「整頓」基層警員的人，隔年突然對大家說：「有問題，請來找我們。」「我們會幫助同仁。」聽了，我們只覺得毛骨悚然。

但**終歸來說，這些「官老師」並不具心理衛生專長**。畢竟長官們的業務也很多，沒時間去學習真正的心理專業，頂多就是聽過幾場講習，就被迫承接這個業務，甚至有人連自己是關老師都不知道。

他們處理這些問題的方法，終究還是警察那一套。曾經有同事真的跑去找關老師，長官把他叫到辦公室，一直對他講著：「沒那麼嚴重。」「你要想開點。」……想當然耳，什麼都沒能解決。

從那之後，所有的長官都知道這位同事「有問題」。

真的能把我們接住嗎？

諮商輔導最重要的是建立對等的夥伴關係，讓當事人產生信任感，因而能真實描述自己的問題，並從中獲得支持。但只要雙方仍是「警官與警員」，就無法達到目的。除非他們是要找出「有問題的人」，建立「關懷輔導對象名冊」，將這些人貼上標籤，三不五時約談。

這些向我們伸來的手，真的能把我們拉起來嗎？

我從警這麼久，沒有一次遭遇攻擊後，有人跑來對我說：「你好，我是心理師，有沒有需要聊聊？」如果連事發後的處理都是如此，就更不用說有什麼事前預防動作。

面對外界的質疑，警政高層一直主張有完整的心理輔導措施，包括有設立心理輔導室、安排心理衛生教育、創傷後心理治療。

但當心理輔導室的主任是局長、執行長是副局長、執行祕書是訓練科長時，有誰會走進去說自己需要協助呢？而所謂的心理衛生教育，也是找衛生局的講師開堂講座，然而很多時候他們的主題與警察無關，無法獲得大家的共鳴。

曾經有一次轄區發生槍戰，分局辦了場心理輔導。

我非常震驚，因為以往無論被車撞、在街頭鬥毆被打、被抗議群眾衝撞、攻堅逮捕持槍犯嫌，我們隔天都是照常上班，不會有什麼心理輔導。

於是，我問被安排去參加的同事有什麼感想。

「感想，就是一個衛生所的社工來跟大家講如何預防自殺。」

不是重大事件後壓力調適嗎？怎麼會是防自殺宣導？我以為找了十幾個人參加，是要做團體諮商？

「也不是，就只是講課而已。真要說起來，參加的人，也沒有當天槍戰事件的相關者，連講者都感到很意外。」同事補充著。

警察的身心狀況，是公共安全問題

這幾年，我參加過機關辦的心理健康講座。雖然講者大都有心理學背景，但是並不懂警察。他們雖然很關心警察的壓力問題，可是沒辦法提供實質幫助。

美國心理學會特別將「警察與公共安全心理學」分類為一個專業的分支，因為他們**發現警察的心理問題更為複雜，需要理解警察系統的心理學專家**。他們必須知道警察的壓力來源以及脈絡，才能真正幫助到員警。

近幾年，各國警察機關都將心理衛生業務委任給警察心理學專家，而不再由警務人員處理，也是為了提供更專業的協助。

因為警察的身心狀況不只是個人問題，更是公共安全問題。合法持有武裝、可以干涉人民的警察，如果情緒失控，對社會的危害將比任何人都要高。

英國劍橋大學曾經對一萬七千名員警進行調查，發現有百分之十九點四的人有創傷壓力症候群的症狀，而其中有百分之六十六的人不知道自己有相關問題。研究發現，警察創傷壓力症候群的發病率是一般人的五倍。

警察不僅僅只是一般人，某些方面甚至比一般人還要更脆弱。但我們卻一直認為「大家都沒事。」「警察有受過訓練，所以更能承受壓力。」「我們有完善的輔導措施。」這不是自欺欺人嗎？

之前看到美國特勤局人員的訪談，對於這些專業人士是否會有情緒的疑問，他毫不猶豫地說：「當然，我們也是人。」

可是台灣警察長久以來被當成機器。等到發生事件，得打出悲情牌時，長官才會在媒體前說：「警察也是人。」一旦等到事情過去後，基層警察又變回機器了。

警察保護公眾，但誰來保護警察？

我告訴自己，一切正常

雖然我知道自己已經不健康了，但是我還是告訴自己，一切正常。因為，大家都是這樣的。

警察一直被教育要能忍受挫折，如果出問題，那麼就是你太脆弱。久而久之，我們習慣無論什麼情緒都要壓抑住。

能夠毫無感情地面對所有事，才是一個專業的警察。

但真的有辦法這樣嗎？或者我們已經扭曲了，卻還假裝自己很正常？

言論不自由——警察沒有說話的權利

「等一下長官問你們要什麼，就全部都講雨鞋。」組長壓低聲音告訴我們。

「雨鞋？雖然我們確實沒有，但應該有更要緊的東西吧？」同事問。

「假如自由真有什麼意義，就是告訴人們他們不想聽的。」——喬治・歐威爾，英國作家

我被安排參加一場基層員警的座談會，那場會議的主題是徵詢基層員警的意見，看有什麼需要採購的裝備，或許能夠列在下一年度的預算中。

「等一下長官問你們要什麼，就全部都講雨鞋。」就座時，組長壓低聲音告訴我們。

「雨鞋？雖然我們確實沒有，但應該有更要緊的東西吧？」同行的同事問。

不過，組長只是神祕兮兮地眨眨眼。

會議開始，台上長官一一對在座的單位提問。

「A分局，你們對於採購裝備有什麼意見嗎？」

「報告長官，我們覺得採購辣椒噴霧能幫助我們執勤。」

「辣椒噴霧啊？不錯，不錯，但這個需要很多的研究，我們希望採購一些能真正符合同仁需要、能立即提供給同仁使用的東西。那麼B分局呢？你們有什麼想法？」

「報告長官，目前雨衣不敷使用，希望能夠讓同仁都有各自的雨衣。」

「雨衣啊，不過應該不是所有單位都缺吧？我們希望這次的會議是能夠準備大家都需要的東西。C大隊有沒有什麼想法？」

「報告長官，我們覺得防護裝備可以再改善。現在防彈衣都有些破——」

「這些要花很多時間，我們可以未來再討論。我再說一次，我們希望能增加同仁需要的東西，也能在明年立即供應給大家使用。那麼D分局，你們覺得要採購什麼？」

還不等我們回答，組長直接大聲地說：「報告長官，我們要雨鞋！」

「雨鞋！很好！我覺得這會是大家需要的。我們就需要這樣有建設性的意見。」

眼看長官如此讚賞，後面的單位也都學乖了，紛紛回答雨鞋。

「我早就打聽好他們要什麼了。」組長得意地對我們說：「他們本來就是要買雨鞋，也早就編好預算了，只是要開個會，讓警員背書而已。」

所以，他們其實不是想知道基層員警要什麼。原來，我們想要什麼不重要，但讓我們說出他們想要的，很重要。

沒有人在意基層警員的意見

隔了幾年後的某一天，祕書室例行性的要徵求改善行政效率的創意提案。祕書室把意見書發給各派出所。

學長把公文交給了我。「倫宇，你比較有想法，有沒有什麼點子？」

我想了一下，目前警員的信箱容量只有500MB，我問過其他公務員朋友，大都有2GB，甚至連大學生的信箱都有1GB了，而各業務單位又常寄一些業務宣導，動輒20MB的簡報，信箱一下就塞滿，沒辦法使用。

「如果增加到1GB，大家應該會比較方便吧？」我把這個想法提上去。

一段時間過後，學長又跑來找我。

「倫宇，祕書室說你那個提案不行啦。沒有創意。」

沒有創意？這是現在沒有的議題，不是既有創意又務實嗎？不過想想，不被採納也在預期之中，但至少幫學長把公文結案了。

「祕書室要我們重新提意見。」

所以你問基層意見後，嫌它不好，然後要基層繼續想符合你心意的提案？基層的意見都已經提了，不採納就不採納，退回來重寫的用意又是什麼？「我准你提出意見，但這個意見沒有我同意，不准出現」嗎？

經過幾次這樣的事情，我大概瞭解了。沒有人會在意基層警員的意見。

長官問你「有沒有意見」，並不是真的希望你講什麼；但如果你真的不識相地提出意見，這可是對長官嚴重的侮辱，表示你在質疑上級的決策與管理。

我們沒有講話的權利。

在警界，沒有「私人空間」

言論自由是基本人權，這是所有公民都知道的常識。不過公務人員沒有言論自由，公務員服務法第五條：「公務員未經機關同意，不得以代表機關名義或使用職稱，發表與其職務或服務機關業務職掌有關之言論。」但實際情況是無論你嘴巴上講、鍵盤上打，就算是沒有上班的私人時間，也不是在談論你服務單位的事，只要你講的話，長官不中聽，很容易就會惹來麻煩，甚至會受到懲處與調職。

曾經有個同事看到一篇批評警察活動維安不力的報導。他沒有批評服務機關，也沒有對政策發表意見，僅僅只是用個人臉書寫了一句「難道政客沒有責任嗎？」就被警察局督察室調查。

在警界，沒有「私人空間」，上級會想要知道你的一切。同時，你的一切都必須要貢獻給警務。

如果你有使用網路社群，就讓長官知道你的帳號。如果你沒有，請辦一個為公務使用。我便因此辦過好幾個網路社群帳號，專門用來回覆民眾對於服務單位的抱怨，或被長官要求去「蒐集輿情」、「導正風向」。

一次長官來督勤，並要求在場全部人都要去分局臉書按讚。按完之後，還要把手機給他檢查。

在長官離開後，同事忍不住抱怨：「我的臉書是我個人使用，為什麼要讓你知道？」

LINE的公務群組，是地獄的開始

警察辦公也依賴各種通訊軟體。曾經我沒有智慧型手機，無法接到各個公務LINE群組的訊息，為此，所長對我大發雷霆，並要我趕快去辦智慧型手機。

明明是私人手機的LINE，也會用於私人社交生活，但上級還是要求大家的LINE必須使用真名，讓他們可以方便辨識，不許使用其他暱稱。

我走進通訊行，默默地挑了支最便宜的。

而且為了滿足勤務需要，必須能隨時隨地接收訊息。我得申請無限行動上網的資費方案——當然機關不會提供任何補助。

確實警察會有公務手機，不過僅限於某些高階主管；至於最基層的外勤警員，連資費優惠都不會有。

開始使用LINE之後，就是地獄的開始。你會有好幾個公務群組：派出所、分局、業務單位、家防業務用、刑案資料用、特種勤務用、監視器影像……通常把你叫起床的不是鬧鐘，而是不斷響起的通知聲。

而急性子的長官會要求你一接到訊息，就要回傳「收到」，否則他會打電話過來臭罵：「到底有沒有收到？」「不會馬上回報嗎？」——雖然他傳的東西一點也不緊急，只是轉達上級的防貪新口號，或是要你後天上班簽某份公文，但他還是會認為你沒馬上回覆，就是在藐視上級。

有的也會要你在LINE上面辦公，回覆報告、修改公文。你的休息時間就全部捐給國家了。

我們沒有辦法自由地講，連自由地想也無法，所擁有的一切都要為了國家付出。自由、平等、人性尊嚴……這些人權，對於警察是難以想像的東西。

無法理解人權的警察，自然也沒辦法為了守護人權而行動。

不想讓民眾看到這種形象的警察……

警察平等地不享有言論自由，不過，還是有些人比警員更為自由。

有一天，我被派去執行廟會勤務。這種勤務的目的大多是為了保持交通順暢，或是防止民眾發生糾紛，所以我挑了一個廟會正中心的地方。從那邊，可以清楚地看到每一個方向的狀況。然後，交通組的督導官走過來了，他問我：「你怎麼站在這裡？」

我想勤務表並沒有寫我要站在哪裡，我們也不會看到完整的計畫表。這個地方不是最好的嗎？

「報告長官，站在這邊可以清楚看到——」

「你智障啊？為什麼不站在路口指揮？」

我愣住了，不只是因為他粗暴的口氣，而是他所講的根本沒有道理。

那一個路口已經有兩個民防在維持交通秩序，多一個警察在那裡，根本沒有意義。

雖然內心受到衝擊，我還是試著提出我的看法。

「那裡有人在指揮了，或許我——」

「我有要你講話？你腦袋裝什麼東西？我講什麼，你沒聽到？你智商有沒有問題啊？」

那位長官就這樣在熱鬧的廟會上，用手指著我破口大罵，路人紛紛轉過頭來圍觀。

我感覺很丟臉，不是因為自己被罵，而是因為讓民眾看到這種形象的警察。

我只好點頭稱是，走到他所指的位置。

民防大哥看到我，跟我說：「你不用站這邊啊。這邊我們顧就夠了。」

我僅能苦笑：「我知道。」

而且我知道，就算督導官氣到失去理智，也絕對不可能對長官或民眾這樣講話，但我們的制度讓督導官可以這樣對待基層警員。

其實，我並沒有生氣，倒是為督導官感到可憐，需要用這種方式維持自尊。甚至我還有點想笑，因為他的言論實在太荒謬了，搞得好像一齣鬧劇。然而，只能這樣默默接受長官辱罵的我們，也是很可笑吧？

開始寫下我們被掩蓋的聲音

我們不被允許有自己的聲音，只能讓長官代言我們，所以我開始寫下我們的聲音，寫下那些被蓋過去的心聲。

當然，一開始我還是匿名，畢竟具名肯定會給自己惹上麻煩。

但當我寫的東西愈來愈多人看，也愈來愈多人知道寫的人是我，甚至有人希望我能夠站出來說話時，我想，也許該是我們面對自己的時候了。

但在我第一次的電視錄影節目播出時，我很快接到了長官的電話。

「為什麼你被採訪沒有報備？」

因為那是我的下班時間，我是利用自己已經不多的睡眠時間。

「你講話怎麼沒有先告知上級？」

我不是代表機關發言，我是以專家身分對時事進行評論。

「你講這些東西，會給長官帶來多少麻煩？」

我停住了，因為我怕自己再講下去會哽咽。

那麼長官錯誤的政策，把基層警員推入火坑，任由輿論批評我們，自己躲在安全的地方，事後再把責任推給基層時，有沒有想過會給我們帶來多少麻煩？

後來也有一些長官與我懇談，希望我公開發表言論時，必須事先報告，甚至希望能讓他們先審查內容。

對此，我也是說明自己只是利用私人身分對於公共議題發表評論，並沒有需要經過上級審查的必要。

縱使長官希望我停筆，但那些聲音還是存在

我只是希望有人知道我們的想法。雖然長官對外宣稱警察內部暢通無阻，「有任何問題，都可以向長官反映」，但實際上，會有心思與基層對話的管理階層少之又少，更遑論有平等對話的空間。

基層員警沒有與長官溝通的機會，也不能隨心所欲地發言，最後大家只能利用向高層檢舉、向媒體爆料的方式表達意見，也讓機關內部的氣氛更為惡劣，管理階層與基層的鴻溝愈來愈深。

但這些人是想要破壞機關形象嗎？是想要毀了長官的仕途嗎？還是他們只是求助無門、無路可走，嘗試向世界發出絕望的吶喊？

我的筆並不是我控制的，它只是記錄我們的聲音。

不幸受到傷害的悲鳴、遭受不公對待的哀嘆、對於歪曲體制的怨懟、對於久違家人的思念、對於自身命運的祈禱、面對絕望未來而生的憤怒……縱使長官們希望我不要寫了，但那些聲音還是存在。

我希望終有一天，我們能面對面，彼此互相理解，共同營造更好的環境。

這樣，我便能放下這支筆了。

交通崗——沒有意義的勤務

如果你問基層員警：「最沒有意義的勤務是什麼？」交整崗勤務一定是前三名。

剛到派出所時，我不知道交整崗勤務該做什麼，但班表已經排定我明天要站交整崗。我想既然排了崗位，應該是因為號誌不管用，才要排交整崗吧。

不過，我也請教了學長。「學長，交整崗有什麼要注意的事嗎？」

「嗯，沒有啊？什麼都不用做，跟著號誌吹哨子就好。」

「呃……這樣沒問題嗎？」

「如果要說有什麼要注意的，就注意閃車吧。那個路口很小，但交通組說一定要站路中，之前阿緯才被撞過。」

但我仍有疑惑，於是我又問：「如果沒有特別需要疏導，為什麼要排交整崗啊？」

「因為長官說要啊。以前是沒這個崗的，但後來有長官說：『別所有兩個交整崗，怎麼你們只有一個？這樣勤務不公。』就多出這個崗了。」

最大的障礙

等我到了現場，才發現這個勤務比我想像中還麻煩。並不是遇到什麼障礙——因為我就是那個最大的障礙。

正如學長所說，這個路口設計得不怎麼好，沒有留太多空間給轉彎車。如果車輛在路口停滯待轉，可能會導致後面車流回堵。然而，現在這些駕駛人要閃警察這個障礙物，或是被警察擋到對向的視線，逼得他們要減速或超車，結果反而讓車流速度更慢。

有些人還因為看到警察，以為是不是有什麼特殊管制，就這樣停在我前面。「警察先生，你可以不要站這邊嗎？很擋路耶！」一個機車騎士忍不住停到我面前吼著。

「我也不想啊，可是交通組說要站路中。」——不過，我也沒辦法這樣回答。

幸好，他只是唸完一句就騎走了。

三十分鐘過去了，我已經充分理解自己在這裡沒什麼用處。車流量就是這麼大，並不會因為沿路有站警察而有什麼改變。

雖然車多，但號誌依然可以有效引導車流，並不會塞住路口。也因為號誌正常發揮效果，警察沒有手動操控的必要。就算警察沒有任何動作，民眾還是會按照號誌指示行動。

我在這邊的作用，彷彿就只是告訴民眾「這個世界有警察喔」。

不准擅離崗位

這個地方，唯一不需要的就是警察了。感覺空虛的我，開始思考有沒有自己能夠做的事情。也許我應該去前面路段看看，那邊的臨停車輛會影響交通，把他們趕走，可以讓車流稍微加速。

我走到路口前方五十公尺處的地方，驅趕那些臨停車輛，但過了一段時間，我聽到有人在喊我的無線電代號。
「洞天，你的位置在哪？怎麼離開崗位？立即返崗。」
我回到原先的路口，看到督察組巡官冷漠地看著我。
「你怎麼擅離崗位？」
「報告長官，我發現前面的停車會影響交通。」
「那不關你的事啊？你的工作就是站在這裡疏導。有事情，要叫其他人去。」
但我剛剛做的事，應該有助於這個路口的交通順暢啊？
「交通組的計畫就是要站在定點。你沒站在這裡，就是違反規定。」
看來，這裡有站警察，比交通順不順暢還重要啊。

民眾檢舉哨音太吵

兩個小時過去，我深深感覺到自己是多麼無能，但總算結束了。
雖然被汽車輪胎輾過腳兩次，還有一次是指揮棒敲到公車，但至少沒什麼問題。
當我疲憊地回到派出所時，值班把我攔下來。
「你剛剛站交整，對不對？」

「是啊……怎麼了嗎？」我感覺有些惶恐，不知道是不是又搞砸了什麼。

「有民眾檢舉你的哨音太吵，你等等要打回報。」

唉，感覺民眾真的對我們站在那邊感到很困擾。

不斷吹哨、比手勢，才是認真執勤

有了上次的經驗，下禮拜站另一個崗位時，我便稍微收斂一點，只有在車流太慢時，才會吹哨音催促。

我心想，這次總不會有什麼問題了吧？

但這次換一個交通組巡官把我叫過去。

「你為什麼不吹哨？」

「報告長官，我在需要的時候有吹哨音。」

「你要一直吹哨、一直比手勢，這樣才叫認真執勤！」

感覺好像哪裡怪怪的，但我不敢反駁他。

「還有你怎麼站在那邊？」他看著我剛剛站的地方。

「因為站這邊，比較容易攔阻違規，也可以看到南北向的車流量。」

「那不是我們規定的點，你要站在那家機車行前面。」
「那個點……會看不到這個方向的車流……」
「規定站哪，就是要站哪。」
所以這個勤務的用途不是交通疏導，只是要我站在長官規定的點，讓他們督勤？
我本來想要說點什麼，不過想想後，還是閉上嘴省點力氣，畢竟這次要站三個小時啊。

只要放空就好

「果然我不喜歡交整啊。」回到派出所，我忍不住抱怨：「到底排交整有什麼用啊？」
「誰會喜歡啊？」學長答道：「這就是一個智障勤務。」
「喔？是嗎？」另一個路過的學長接話：「我滿喜歡的耶，至少不像巡邏，要處理事情，只要放空就好，也不會有什麼影響。」
學長，如果放空，也不會有影響，那就說明這個勤務有多麼沒意義了吧。

不過，學長確實說對了。之後，我站交整就腦袋空空的站，哨子一直吹、手一直揮，果然督導官都很滿意，真是感謝學長的教誨。

無力的「嬌點計畫」與「亮點計畫」

交整崗沒什麼用，這是幾乎所有警察都知道的事。但長官還是努力想辦法讓它看起來很重要，這樣才能繼續編排這個勤務，於是開始出現一些令人無力的政策。

「下個禮拜開始，交整崗都排女警，這叫做『嬌點計畫』。」

在座的學姊出聲抗議，但立刻被廣大男警的歡呼聲蓋過。

可惜一段時間後，發現因為派出所女警太少，根本沒辦法負荷這麼多交整崗。如果要讓分局的內勤女警一起來站，又會影響分局長官辦公，最後只好緊急喊卡。

不過，沒多久，長官又有了新的想法。

「真的要穿這個嗎？」

大家一臉嫌惡地盯著所長手上的背心與臂套。

上面掛滿了燈泡，用醜形容它，都還算是讚美。

「大家以後都要穿這個，這是『亮點計畫』。」

但這個不會影響民眾視線嗎？

「長官還有說，以後排交整崗要注意外表，身高夠高、外表好看，要讓人賞心悅目。」

我肯定會支持這個政策，這樣我就可以不用站交整了。

更累的，是我們無助的內心

然而，我還是好奇，我們是選才，還是選美呢？所以交整崗的目的到底是什麼？

如果這個路口沒有需要警察即時介入，那麼警察存在的意義為何？連續站兩三個小時，雖然會累，但更累的，是我們無助的內心。

在烈日下，燒灼的酷熱使人暈頭轉向，流的不知是汗，還是淚。在寒流中，刺骨的冷風讓人昏昏欲睡，差點跌倒在車道上。

如果我在這裡是有意義的，這個路口需要警察疏導，才能保持暢通，那麼我非常樂意；然而大多數時候，我只能感覺到生命一點一滴地消逝在空虛之中。

後來，我做了一個實驗，除非有事故發生，否則我不主動吹哨音與比手勢。如我所預料，交通並沒有因此不順暢；相反地，沒有警察無謂的手勢與哨音，駕駛人更專心於路況與號誌，反而都沒有意外發生。

然而，長官還是無法接受這個事實：「你在那邊，就是要有作為。」但有作為就有作用嗎？沒有實際效益的勤務，就算排了再多，也沒有任何功能，最終只是滿足上級表現的欲望，以及讓他們多幾班督勤，賺加班費而已。

員警心中的不解之謎

如果你問基層員警：「最沒有意義的勤務是什麼？」交整崗勤務一定是前三名，這也是我碩士論文的研究結果。

第一個現實，警察是沒辦法掌控路口的。

目前交通號誌系統都由交通控制中心運作，為保持整個路段的號誌連鎖，原則上禁止現場員警手動操作。除非是一些特殊路口，或有特種警衛勤務，會要求沿線操作為綠燈，讓那些大人物快速通過，不然員警手動操作並無太大幫助。

確實早期技術不發達，可能得依靠現場員警經驗，判斷路口的狀況，所以會讓員警手動操作號誌，但近幾年科技進步飛快，交通主管機關都能直接監看路口狀況，並即時調整號誌，而且現在的交通號誌都有經過科學化的管理與營運，計算出最有效率的控制時間。員警任意操作，反而會導致交通大亂。

就算你判斷現場需要操作號誌，向勤務中心報告，可能還會被駁回。畢竟長官也怕你操作失誤，讓他們被究責。

而如果你不操作號誌，要強硬地按自己意思指揮，那麼民眾可能會對警察的指示與號誌不同感到混亂，況且員警有那樣的專業可以無視號誌嗎？

第二個現實，警察根本不懂交通管理。

以訓練未來基層員警為大宗的警專行政警察科，因為業務範圍太廣，只有兩門科目與交通有關：「交通法規與實務」、「交通事故處理」。不過，在我讀書的年代，交通管理科是名存實亡，大約二十年沒有對外招生，直到二〇一六年才復招。所以路口指揮手勢，都是我警校畢業後下單位才開始自學。

很多員警可能連手勢的意義都不知道，只知道「長官要我多指揮，我就多比幾下手勢」。交通工程的設計涵義、路口車流的規劃，都比不上長官的指令。

就算是交通業務單位的承辦人，也沒有相關的專業知識或培訓。若要比較交通專業學識，警察可能還不如一般大學的交通相關科系。

第三個現實，交整崗對疏導交通並沒有太大的幫助。國內外研究都顯示，尖峰時刻的高交通流量，無論是何種守望都沒有明顯成效。其實這不需要專業知識也可以理解。都已經塞車了，你再讓一個警察站在馬路中間，怎麼可能讓交通更順暢？

我看過更多的例子，是長官一直增加崗位，結果交通反而更混亂，甚至還會有警察指揮失誤，造成車禍。

排一個占用警力又沒有用途的交整崗勤務，到底有什麼用呢？這應該是很多基層員警心中的不解之謎。

民眾其實沒有很需要警察的指揮

而交整崗沒有用這件事，其實很多長官也知道。

所以在二〇一五年間，各縣市開始檢討交整崗勤務的執行方式，例如將一些崗位設計成站在路邊定點守望，不再要求一定要路中指揮。

既然不需要路中指揮，那麼為什麼還要定點守望？說穿了，就是長官心知肚明這個路口其實不需要警力，但仍擺著警察，是為了要分擔行政責任。只要擺了個警察，就算交通壅塞，上級還是可以宣稱自己有在積極作為——雖然這個作為並沒有任何用途。

在路口吸廢氣吸這麼久，我發現民眾其實沒有很需要警察的指揮。政府設計更清楚的交通標誌，告知民眾要如何前往目的地，以及配合交通狀況調控號誌時間，比警察指揮更有效果。

就算警員的觀念再清楚、技術再高明，終究也只能影響他站的那個路口；而交通壅塞的原因，可能是距離他一百公尺外的標誌設計不良。

如果真的想保持道路暢通，**應該用類似固定路段巡邏的勤務方式，讓員警沿著路段確認路況**，比起死板的站在路口更有用。

然而，長官還是希望員警站在一個定點，這樣他們督勤最方便。雖然指揮沒有任何幫助，但督勤時，長官還是會要求你比手勢指揮，這樣才叫「認真服勤」。

有一次我站交整崗時，一個民眾跑來說：「警察，警察！有人在打架！」

我聽他講的位置，離交整崗不到一百公尺，於是我拿起無線電，對勤務中心講：「民眾報案有人在打架，洞夭報備，離崗處理。」

「洞夭，你那個交給巡邏去處理，不要擅自離崗。」

但巡邏要從別的地方趕來，肯定不會比我去還快啊。雖然交整崗沒有配備武裝，但至少先過去還是能做些什麼。

但勤務中心都已經公開告誡了，我也沒有辦法再說什麼。

交整崗什麼都不用做，什麼都不能做

過了幾年，我大概理解學長「交整崗什麼都不用做」的真正意思了。更確切的說法，是「什麼都不能做」。

因為交整崗不能缺派，就變成一定要有人站在那個位置，所以交整崗不會被派去處理任何事情，值班派遣案件也會自動忽略這個警力。就算那一個路口交通順暢，而其他同事忙得不可開交，交整崗一樣只能站在那邊，看著同事跑來跑去。

另一天，我準備出發要去交整崗前，無線電傳來外面巡邏同事的聲音：「需要支援！

需要支援！」

當下也不管什麼表定勤務，除了值班以外的人都跑到現場。原來是有人報案酒醉鬧事。同事到場後，當事人仍不罷手，伸手想扯他們的衣服。我們一群人費了好大的勁，才把他壓在地上。

在逮捕的過程中，我一直很緊張，除了人身安全問題外，還擔心：「我現在不去交整崗，會不會有事啊？」

確認其他同事可以控制現場後，我懷著忐忑不安的心情前往交整崗。

等我到達崗位時，果然遇到了督導官。

「你怎麼這麼晚到崗？」

「報告，因為有一件打架。」

「沒有其他人嗎？」

「有，但現場需要人手——」

「不要找理由摸魚。」

摸魚？去協助處理案件叫摸魚？我們基層員警冒著受傷的風險面對犯嫌，解決民眾問題，但對這些長官而言，還不如一個毫無用途的交整崗重要，就好像在說：「就算民眾、同事出事，也不關你的事。」

不得擅自離崗，變成無論如何都不能沒有人站在那裡。最後，**我們只有僵化到不行的勤務**——把國家訓練出來，用以維護治安的警察擺在路口當裝飾。每一次我站在路口，聽到無線電裡同事四處奔波，要求支援，值班只能回一句：「沒人啦。」可是卻還有一個人站在這邊數車子，內心都會感到萬般空虛。

為了這些沒有實益的交整崗，排勤務時都很傷腦筋。上面要求抽調警力支援遊行抗議現場，卻又說：「交整崗不能缺派。」派出所只好全面停休。

交整崗的時間排在早上七點開始，但勤務交接時間平常設定為早上九點到晚上九點，怎麼處理呢？那麼，就讓同仁連續上班十四小時吧。

長官知曉底層社會的真實嗎？

「學長，我現在在受理民眾詐欺案，交整崗會晚一點到。」

「不行啊！交整崗不能缺派啊！」

「我現在正在通報警示帳戶，圈存民眾被詐騙款項。這是有時效性的工作，必須現在處理。」

「交整崗是現在的重點勤務！長官很重視！你們一定要有人到崗！看是誰要代替你！」

但警力都被你們用完了，哪來的人？

我只好轉頭對報案人說：「抱歉，現在我必須要去下一個勤務。你的案件等等會有人來接著辦。」

而當我來到那個「長官很重視」的路口，就如同過往一樣，並沒有什麼人車，甚至比往常還要少。想也知道，這條路雖然是平日通勤時的要道，但現在是連假期間，並不會有人刻意來這裡。

但坐在辦公室內的長官，顯然是不知道這些底層社會的真實吧。

我想到還在所內的那位民眾，不知道他的案件有人接手了嗎？會不會差這十分鐘，他被騙的錢，就來不及被圈存了呢？

我也只能為他感到遺憾了。

長官懲處有績效壓力，有些地方會規定這些督導勤務必須要處分到同仁，可能一個禮拜配額三件。

懲處——警察最怕的，是警察

警察最怕的是什麼呢？凶暴的歹徒？任性的刁民？跋扈的民意代表？

警察最怕的，還是警察。

當我還是菜鴿時，有一天下班，我仍坐在辦公室裡處理公文。

時間到了三十八分，勤區查察的學長走進辦公室，準備要整理勤區查察時的資料，但他前腳才剛踏進門，無線電便傳來一個嚴厲的聲音。「〇〇〇，你人在哪裡？」

還沒有等到學長回答，督導官已經出現在派出所門外。
「為什麼你人在派出所裡面？」督導官厲聲問，但嘴角卻藏不住笑。
「報告長官，我要回來整理資料……」
「規定是四十分才能返所吧？你這樣就是提早了啊！」
「我看時間差不多了……」
「還差兩分鐘啊！這個我要簽處分！」
沒等學長回應，督導官目光已經轉向值班。
「你怎麼沒有控管好勤務？」
「咦？我……在值班……」
「值班要負責門禁管制！不就是要你管控好上班人員嗎？」
但我所知道的值班工作應該是維護駐地安全、接受報案、通訊聯絡、械彈清點，這也是〈勤務實施細則〉上寫的內容。我還真不知道原來同事上班出差錯，值班也有連帶責任。
督導官在紙上記了一筆，又找上備勤。

「你在做什麼?」

「報、報告,我在整理業務檢查要用的資料。」

「嗯……械彈交接……有蓋章、傳閱公文有簽名……頭髮……好像還好。」

督導官的目光不斷移動,把他從頭到腳仔細打量一遍。

「長官……沒有問題了……吧?」備勤怯怯地出聲。

然而,督導官還是皺著眉頭,不出聲。督導官的眼神四處游移,像是要在他身上找出什麼。

「……你的槍給我看。」

「咦?是、是。」

「你看這邊!生鏽了吧?這可是要記申誡的。」

督導官指著手槍照門上的一小點紅斑。如果不刻意看,根本看不出來。

大概是因為最近都在下雨,就這樣受潮,讓表面有點鏽斑,這很容易就可以去除了。

不過,是我誤會了嗎?督導官的語氣怎麼好像有點高興。

啊,不妙,督導官往我這邊看了。等等,我這樣應該沒事吧?不如說下班還在辦公,給個獎勵,也不為過吧。

「你怎麼穿著便服？」

「呃……那個……我沒有上班……」

「這樣啊……那我問你，分局長這個月聯合勤教宣導的工作重點與防貪標語是什麼？」

欸，我沒上班耶？

過了三、四十分鐘，督導官在我們派出所繞過一圈，他把手上那張紙寫滿，終於滿意地離開了。

學長們灰頭土臉，開始評估自己會怎麼被處分。

雖然我們有〈警察人員獎懲標準〉，不過警察的懲處常常沒按照標準。劣績、申誡、記過……生殺予奪，全部都在長官的一念之間。

我的第一支申誡

我的第一支申誡，來得也是很莫名。

那天，我一上班，被排家戶訪查。但當時有一名現行犯，可能需要我解送到地檢署，所以同事對我說：「先不要出門，看看到底有沒有需要變更勤務。」

等著等著，過了大概半小時，最後說不用派出所出人，所以我得去查戶口，我坐回電腦前，準備把家戶訪查要用的表格打完。

查勤的長官也在這時走進派出所，他看著坐在位置上的我。

「你怎麼還在這裡？」他劈頭就問這麼一句。

那時候我還是什麼都不懂的菜鴿，也不知道怎麼回答，便說：「我準備要出門了。」

過了一個禮拜後，我就收到人生中的第一支申誡。

比起被記申誡的不滿，更多的是——

我感覺很納悶。我們辦案冒著各種危險，還要犧牲很多時間。若要報嘉獎，得自己準備一堆資料送審，而敘獎的規定又很刁難。就算核准，大概都一個月後了。

但長官記這支申誡，他不需要跟我說什麼，不用聽取我的說詞，甚至連處分的依據也很模糊。一句「違反勤務紀律」就可以記我申誡，而申誡核准的速度快得不可思議。

大概是看我心情不好，有幾位學長過來安慰我。

「被記申誡，沒什麼大不了的啦！當警察，誰沒被記過申誡。」

「上次我出入寫錯字，巡官就直接記我申誡啦！」

「我那一次才扯。明明接起電話，對方是個神經病，講一堆亂七八糟的東西，我就跟他說：『沒有要報案，不要占線。』結果督察組記我『服務態度不佳』。靠北，這是要怎麼服務啦？X。」

「你講的那件事，我有印象。後來那個神經病改檢舉督察組，結果督察組反而要我們寫報告，背書他精神有問題，真是一群XX。那我們被檢舉，怎麼不挺我們？」

眼看學長們愈聊愈遠，大概也沒想管我這個事主了。但比起被記申誡的不滿，我更深刻的是一種被貶低與踐踏的感覺。

就像學長講的，警察被記申誡很頻繁，一點也不稀罕。後來寫論文時，我曾做過一份二〇一八年地方公務人員獎懲的統計。**警察人員被懲處的人數，遠高於其他公務人員。各縣市政府所記的申誡總數中，警察就占了九成**。新北市警察局光一年就記了五千一百零五支申誡，這數字甚至比新北市的外勤警員人數還多。

為取得懲處的證據，長官幾乎可以做任何事情

上級想處分員警幾乎是隨心所欲，只要他想，不怕找不到理由。但「工作不力」、「違反紀律」、「影響警譽」明明都是非常模糊的字句。

我與一位辦人事業務的長官聊過這件事，他很坦白地告訴我：「處分這件事呢？就是

射了箭，再畫靶。重點不在於違反什麼規定，而是在於長官想要處分。」實在是充滿哲理的一段話。

長官懲處與警員開罰單，一樣都是行政處分，但我們並沒有嚴格規定懲處的程序，也不像開罰單那樣要清楚告知當事人事由與權益。連懲處做成的過程，我們都不知道。而長官為了取得懲處的證據，幾乎可以做任何事情。要求交出手機、查看訊息、調閱監視器、跟拍員警、直接闖入寢室……就算是要蒐證窮凶惡極的持槍犯嫌，恐怕也不會如此。

警察機關的監視器，法規上是因為治安需要而設置，也會嚴格限制基層員警的調閱，不過長官經常調閱監視器來處分員警。

「如果你要問，我覺得這是違法的。」辦理監視器業務的長官如此對我說。

可是只要督勤需要，就沒有違法的問題。雖然是執法機關，但守法這件事，卻只限於某些人而已。到某一個階級以上，規定沒有拘束力，或者根本沒有規定的存在。

長官懲處有績效壓力，督導官可以被敘獎

當了幾年的警察之後，我大概理解了懲處系統的運作。

首先，長官懲處也是有績效壓力。有些地方會規定這些督導勤務必須要處分到同仁，可能一個禮拜配額三件。就算沒有明訂配額，如果督導報告都沒有寫到基層員警的缺失，上級會認為督導官沒有認真督勤，反而會讓督導官被處分。

更不可思議的是，處分同仁，督導官是可以被敘獎的。「勤務督導累計達申誡六次，工作認真，嘉獎一次」，看到這種敘獎內容，也讓我感慨萬千。

當年我就職時，督察組長對大家說：「督察組的目的，不是要找同仁麻煩。」不過，實際上看起來，他們的工作似乎也只能找大家麻煩。

在〈警察機關勤務督察實施規定〉裡，寫著督勤的目的是要「激勵工作士氣，指導工作方法」，警政署也曾經提過要以「關懷基層、激勵士氣」為優先方針，不允許任意懲處同仁。

但許多長官沒有外勤經驗，或者離開外勤已久，要指導現在的第一線工作，恐怕是難為他們了。

曾經有一位督察員在我們路檢時講得頭頭是道，說他以前當警員如何做，用什麼規定拚功獎。後來我回所裡翻法條，發現他講的法規在二十年前就被廢止了。至於他的做法，絕對不合乎警察職權行使法。

最後，他們只能用懲處來告訴大家「我們有在做事」。即使他們知道自己站不住腳，也不會停下腳步。

我的第二支申誡

我的第二支申誡來自一名巡官。他在我勤區查察時來派出所，對我說：「勤區查察要在十分鐘內出勤。」就算我對他說，我在使用系統打資料，而且並沒有出勤時間的規定，他一概不理。

想當然，這一次也沒有什麼調查程序，我在兩個禮拜後收到了獎懲令。

我去找所長，告訴他我的不滿，結果那一位巡官事後來找我。「不好意思啊，最近上面查很嚴，我也要給上面交代啊……以後補給你吧。」

但不管他補了多少支嘉獎，我這支申誡還是會存在。

他想要滿足上面的要求，卻用錯誤的方式貶低下屬的工作內容，也踐踏員工對於工作的熱忱與專業。

對他們來說，基層員警的人格與尊嚴，都是可以被議價的東西吧，但是我們能說什麼？

警察的懲處規定密度之高，一般人難以想像

雖然是被稱為「鐵飯碗」的公務員，但以警察重懲的程度來看，真的要集滿免職門檻十八支申誡，也不是什麼難事。

警察的懲處規定密度之高，一般人根本難以想像。光是酒後服勤的行政規則就有四、五篇，更不要說還有許多規定只用公文通報發布，根本無法在法規系統查詢到。

曾經有一位學長勤區內被查獲職業賭場，被連帶處分記過。可是我們翻遍法規，根本找不到有因為這樣要被處分的規定。

幾位學長四處打聽，最後終於找到了，但並不是什麼法令規則，而是一份三十年前的通報，連上面蓋印的局長是不是還活著都不知道。

我不禁懷疑，說不定那一位處分的長官其實也不知道有這份公文，只是他想這麼處分罷了。

警察的工作規定都任由長官解釋，甚至長官隨意就可以制定一個新的出來，導致警察的懲處非常浮濫。但**這些長官用以展示權威的道具，將會嚴重影響員警的一生**。

就算你一路救濟到保訓會、行政法院，但有很高的機率你會得到：「機關長官之考評判斷，自應予尊重」，意思就是「我不想管」。

如果你質疑長官的說法，他們也有申誡以外的方式處理你：調職、編排更繁重的勤

務、更密集的督導、找其他理由做更多懲處……最後，你只會懊悔自己誤信了世界有公平正義、法律會保障人權這回事。

長官永遠在你之上

又一次找碴式的督勤後，看著離去的長官，我喃喃地問：「對於上面那些不合理的要求，我們真的都沒辦法嗎？」

學長們的表情，就像是我講了一句瘋話般。

「不是嗎？說我們不遵守勤務紀律，可是我們在處理他們交辦的業務耶？一下子說外勤不能排處理業務的時間，一下子又說業務要馬上做完交給他們……說到底，他們所謂的勤務紀律也很籠統吧？

「而且像剛剛那樣，值班台看完看辦公室，辦公室看完去看寢室，還要下班睡覺的學長配合他檢查，根本沒有把大家當人看吧？——」

「你怎麼會有你是人的錯覺？你是警員耶？他們要你怎樣就怎樣啊。」學長笑著說。看我還是沒接受，他接著說：「不然你去問大威啊，他曾經當面反駁督勤呢！」

「學長他這麼厲害？」

「他可嗆的呢！督導官進派出所指責他們沒有路檢……X，明明都一堆事在忙了，還在那邊說這什麼風涼話。大威聽他念了一堆，直接把規定翻出來反駁他，把他直接嚇跑……」

聽到這樣的事蹟，我也好奇學長怎麼有這樣的膽識。

趁有天跟大威學長泡茶時，我提起這件事。

「那個喔……就不用提了。」

「其他學長姊都很佩服你耶？」

「聽好了，就算你這次可以反駁他，他永遠可以用其他方式修理你……只盯你一個人的勤務、特別刁難你的公文……這還不只你一個人，他修理整個派出所，其他人就會覺得是你的錯，你讓大家日子難過。」

「怎麼會是學長的錯？就算學長沒發聲，長官還是會這樣刁難大家啊？」

「就算同單位的弟兄接受了，你還是被上面貼了個標籤。他們分局內勤四處傳，甚至講給其他單位聽，你怎樣都不能翻身——就算你調單位了，他們還是可以把處分一路追殺過去，或是直接在你的考核上記一筆。」

「……明明學長講的是對的。」

「他們不會在意對錯，只在意基層就是要閉嘴。」

我們陷入了一片尷尬的沉默，我只好把拿在手上已久的茶喝下。冰冷、苦澀，實在難以入口。

「不要想去抗拒，長官永遠在你之上。」

若循「公務人員保障法」，尋求救濟，帶給你的往往是更多的絕望。最後我們只能屈服上級，無論要求再不合理，我們都沒有任何辦法抵抗。

常常聽到人們要求員警不可以違法，而提出「把槍口抬高一釐米」（註）的故事，希望基層公務員拒絕長官違法的命令，但法律根本沒有給我們拒絕的空間。

把槍口抬高一釐米，但抬高之後呢？那名士兵會怎麼樣，就沒人在乎了。

註：一九八九年，二十歲的東德青年Chris Gueffroy試圖翻越柏林圍牆，逃往西德，東德士兵受命向他開槍，導致Gueffroy胸部中槍身亡。在東西德合併後，東德士兵遭法官Theodor Seidel以「並非合法就是正確」判決有罪。此後以訛傳訛，有了「把槍口抬高一釐米」的故事，認為公務員應有為了良知違背法律的義務。

警以食為罪

只是因為穿著制服，連買東西都要遮遮掩掩。只是因為穿著制服，連吃東西都會被問罪。就算是買公務用品，還是要特地換上便服。

「我不知道我是一個奴隸，直到我發現我不能做我想做的事情。」——弗雷德里克・道格拉斯，美國廢奴運動領袖

趁著查察時的空檔，我走進勤區裡的超商。因為要快速、方便地解決，當然不能買便當那種吃起來很麻煩的食物。我拿了兩個飯糰，再拿一瓶幫助吞嚥用的茶飲，這就是我今天的早餐加午餐。

下午三點才要吃第一餐，真的是有點餓了啊。剛好前幾天我發現一個不錯的地方，就去那邊吃吧。

轄區裡面的廟，在它後面剛好有一個可以容納一輛機車的小空地，旁邊都是一些廢棄鐵皮屋，沒有什麼人會特意去那裡，這樣就能減少被人發現的機會。

我把東西放在機車座墊上，躲在牆角開始吃。但我每吃下一口，就趕快把東西藏起來，確定周邊都沒有人後，再繼續吃下一口。

那天氣溫十一度，雖然飯糰本來就是冷的，但我還是感覺愈吃愈冷。

如果有一天，能夠光明正大地坐在大家面前，吃著熱熱的食物……這樣的願望會太奢侈嗎？我不知道，也不敢知道。

超商比家還熟悉

「民以食為天」，這句話唸起來這麼自然，但對警察來說，吃飯卻是難如登天。

派出所通常會集資辦理伙食，不過我們沒辦法每一餐都吃到。常常工作一忙，等你有機會上餐廳時，同事早就把飯菜收掉了。大多數時候也就乾脆不吃，或是自己另外去找吃的。

也因為供餐時間固定，身為輪班工作者，實在沒辦法配合這些時間特地醒來吃飯。特別是上深夜勤時，都得自己準備消夜，雖然那對我們來說，應該算是午餐。假如我身體不舒服去就醫，藥師說：「白色藥包是早餐飯後吃，紅色藥包是晚飯後，而且注意不要熬夜。」我會感覺很困擾——究竟我睡到晚上八點醒來後吃的第一餐是早餐，還是我熬一整夜，在早上八點下班吃的那一餐叫早餐？

因為沒辦法吃到定時供餐，我們經常買外食。對警察來說，超商比自己的家還要熟悉。我走進超商買三餐的次數，比吃派出所餐廳的伙食多。

穿制服買東西，不是犯罪

不過，就算要買個餐點，對警察來說也是艱難的挑戰。曾經我穿著制服在超商排隊結帳時，一名婦人走到我後面，瞪大眼睛，盯著我：「警察也要吃東西喔？」我想就算找遍全世界，也沒有不用進食的警察吧。

然而，警察買東西仍會被許多人用放大鏡檢視。就算我們當下沒有任何案件要處理，在停車格停好車，跟大家一樣排隊，花自己的錢買東西，民眾還是會覺得有礙觀瞻而檢舉，有些長官就會因此懲處。

為了填飽肚子，我們要套上便衣外套，小心翼翼地環顧四周，低調地走到附近商店，買完之後，快步離開——對我們來說，在商店購餐好像是作奸犯科一樣。直到二〇一六年，警政署在臉書上宣布同仁著制服購餐，督察單位不得任意懲處，大家才終於發現，原來穿制服買東西不是犯罪。

然而就算如此，許多同事依然會穿上便服去購餐。畢竟署長這麼講，長官不一定這麼想。

雖然讓你買東西，但吃東西卻又是另一回事了。

許多長官不喜歡看到大家在單位用餐。如果員警趁空檔到餐廳吃飯，會被說是「違反勤務紀律」。如果發現值班員警去吃飯，就算值班台有其他同事在顧，還是會被說「擅離職守」。

有一次，備勤的學弟坐在辦公桌前吃早餐，長官看到後，非常不高興。

「你怎麼在這邊吃東西？」

「我在吃早餐。」不知道是學弟神經大條，還是他真的不知道在辦公室吃東西會出問題。學弟的語氣非常無辜。

「早餐不會在上班前吃完嗎？利用上班時間吃早餐，就是在摸魚！」

這麼嚴重？不過，我之前也看過這位長官在辦公室吃早餐。看來上班吃早餐算不算摸魚，是以官階來決定的。

「有時間吃早餐，不會出去多開幾張單嗎？績效那麼差，還敢說在吃早餐。」長官仍然不留情面地痛罵。

雖然學弟是備勤，任務是在所內待命受理案件，但都被這樣說了，他也只能默默地出門。

警察是人，也需要吃飯、買東西

明明沒有規定禁止員警用餐，但因為吃飯被處分的例子也不少。

二〇一五年，永和分局有員警凌晨四點時值班吃餅乾，被督察組長以「從事與公務無關之行為」記申誡，後來因為媒體報導被大肆抨擊，分局才趕緊把處分撤銷。如果進食是與公務無關之行為，那麼是否連呼吸也是呢？邊工作邊吃餅乾的基層警員被處分，那麼長官們在分局辦公室泡茶、吃茶點，難道是與公務有關之行為？

儘管有永和分局這個例子，但還是有長官禁止員警在辦公場所用餐。我自己也遇過分局長要求禁止在值班台飲食，理由是民眾觀感不佳。

「我忙到沒時間吃飯，當然只能在值班時吃。就算用餐，我接電話、操作系統沒有疏漏，也有警戒人員出入，請問這樣子有影響到工作嗎？所謂的民眾觀感不佳，到底是基於哪一份民意調查？」

沒有人回答我的疑問。我至今依然不知道答案，但如果真有誰觀感不佳，大概是這些長官吧。

甚至有些長官還會規定單位用餐時間，限制員警只能在某一個時段在餐廳用餐，其他時段在餐廳裡都是「規避勤務」。

對勤務不斷接續、沒有休息時間的外勤警員來說，等於只要用餐時間排到巡邏之類不在所內的勤務，或者剛好遇到案件要處理，你就別想吃了。

這是外勤單位與幕僚單位的鴻溝吧。我們並不像他們朝九晚五、中午還有一小時午休。這些用餐規定，完全沒有考量外勤的工作情境，只是依據幕僚的角度設想。

制服彷彿囚衣

只是因為穿著制服，連買東西都要遮遮掩掩；只是因為穿著制服，連吃東西都會被問罪。就算是買公務用品，還是要特地換上便服。

制服彷彿是我們的囚衣，為什麼會這樣呢？明明沒有規定，為什麼我們不能做？我開始不想要再配合這樣的默契了。

上班時，我穿著制服去買冷飲、去咖啡店買招待長官用的蛋糕、去水果店買給督察的水果、去買修理槍櫃用的五金。

下班後，我穿著制服進去超市採購晚餐的食材、走進圖書館找我要借的書。

我感覺很自在。其實沒有多少人在意我，也不會有民眾因為我穿著警察制服買東西，他的權益就受到侵害。

我只是穿著制服的人民，在合法範圍內行使我的權利。

「你在準備晚餐？」站在冰櫃前，一位婦人向我搭話。

這一次，我不會覺得尷尬了。

「沒錯。」我微笑回應。

活得像個人，並不是犯罪，不需要感到困窘。

警察沒那麼特別，就是個普通人類。

我們慢慢從鴿子變回人

過了好幾年，經過各方人士的努力，台北市警察局在二〇二〇年制定〈外勤單位執勤勤務中用餐原則〉，正式告訴大家，可以在勤務中用餐。就算穿著制服、配戴裝備，也不用擔心會被懲處。

建國一百一十年後，我國（少數）的警察終於可以吃飯了。

不過，大家對於這一份規定還是充滿不少疑問。為什麼連吃飯都要報備主管？假如半夜要吃消夜，也要把主管吵起來，跟他說：「我要吃飯了」嗎？而且，吃頓飯還要基層做成紀錄，之後還要回報件數，非常複雜啊。

因此，過了好幾個禮拜，依然沒人敢做這件事。

但總要有個人去做吧？剛好我勤區查察沒遇到查訪對象，有一個空檔，我就來試試吧。

我買了吐司與飲料，但大概五分鐘就吃完的東西還要跟主管報告，真的有點尷尬，但總要給他們一個機會——也給我們一個機會。於是，我對主管說：「職擔服勤區查察勤務，依〈外勤單位執勤勤務中用餐原則〉報備用餐。」

當我拿著還熱的食物坐在超商的高腳椅上，心裡確實有一種說不出來的異樣感。但終於不用再去陰暗的角落、不用再瞻前顧後、不用再心懷恐懼，更不用再對周遭的人抱持猜疑。

曾經只是為了生存下去的進食，對我們卻是極大的罪惡，但現在我可以坐在燈光明亮的店內，面對人來人往的大馬路，欣賞各式各樣的景色，不疾不徐地吃午餐。明明還是一樣吃著工廠生產的吐司與飲料，但卻與往常有了不一樣的滋味。

想跟一般人一樣，其實也就只是這樣的願望而已。

雖然這個規定不甚完美，但我們慢慢從鴿子變回人了。

「絕對服從」的管理文化

上級說能穿著制服用餐這件事還不到一個月，就發生了一些爭議。在公文發出以後，便有長官覺得「既然已開放在外用餐，就不能在勤務中買回來派出所吃」，然後這就變成了新的督導重點。

這份〈外勤單位執勤勤務中用餐原則〉，它的訂定目的是「為使員警能妥適、安心用餐」。它的誕生是為了幫助員警，而不是要限縮員警用餐。

如果員警覺得在派出所內用餐最安心，為什麼會有問題？就現實層面來講，也不會有任何餐廳比派出所更能確保員警的安全。

如果可以開放一般店家用餐，卻說不能在派出所吃，實際上是把整個規定本末倒置，既矛盾且毫無道理。

有人向我反映後，也有社運界與議會的朋友表示關心。他們去詢問警察局督察室，但卻得到「沒有違反規定」的答覆。

這是怎麼回事呢？為什麼警察局的政策，自己的督導官卻不去遵守呢？這些長官是依據什麼規範，認定員警違規呢？

也許，根本不需要這一些規定。

警政署特意訂一個讓大家買東西的規定、台北市特意訂出可以用餐的規定，只是反映出警察文化有多麼迂腐，以及整個警界有多麼不重視人權。

何以這種基本生理需求，還需要用這麼多規定去限制？還特地寫一句「各單位應從寬認定，嚴禁任意懲處」。連原本應該是解除限制的〈外勤單位執勤勤務中用餐原則〉，都能成為新的控制手段，便是反映出警察組織的管理文化，仍停留在無目的的絕對服從，僅是為了表現權威而管理，而沒有考慮到管理措施的初衷。

追根究柢，警察勤務追求的是什麼？做出這些控制，有必要嗎？它能提升警察的效能嗎？我多麼希望無論管理階層、基層員警、社會大眾，都能意識到這件事：基層警察做這些事情，沒有損害任何人，也不會影響警察履行職責，其實沒有管制的必要。

要到什麼時候，我們才能不用再去計較這些本來就不該煩惱的事呢？

冷暖不知

只要長官沒有下令，我們就感覺不到溫度。
我們穿衣服不是考量生理需要，而是長官需要。

「你們穿這麼多，會不會熱啊？」這是警察站路檢時，最常出現的民眾問題第五名。

當然，我可以理解民眾的好奇。穿著防彈衣，再加個反光背心，把身體包得密不透氣，而且都已經氣溫三十六度了，還穿著深色的長袖制服，我當然會覺得熱。

〈警察機關員警制服換季時間表〉區分三種樣式：短袖、長袖、外套，並要求各地區警察在指定時間穿著，例如北部的警察在五月一日穿上短袖、十月十六日換穿長袖、十二月一日加穿外套。

純粹依日期更換，意味與現實天氣完全脫節。只要時間到了，就穿上指定的服裝。我們穿衣服不是考量生理需要，而是長官需要。

這樣看起來，警察也有點可悲，自己都感覺不到「冷」或「熱」，還要有個權威者告訴你：「你現在應該要會冷，穿外套喔。」只要長官沒有下令，我們就感覺不到溫度。

當警察，就是不能跟別人不一樣

二〇一九年換發的新制服，無論長袖、短袖、外套都是同樣的顏色，遠遠地看，根本沒有差異。難道只是因為袖長不一，就會讓人民無法區分警察，或影響對警察的信心嗎？我始終無法理解。

二〇一九年，警政署面對各方壓力，下了一道指示：各單位主管可以自行決定單位統一的穿著，也就是所長可以要派出所統一穿長袖或短袖。

從署長換成所長，有沒有差別呢？

十二月的某一天，氣溫超過三十度，進來報案的民眾甚至穿著無袖T恤，但在警政署的統一號令下，我們仍穿著外套。

「真的好熱啊。」主管坐在一旁，搧著風，面露苦色地喃喃自語。
「這種時候，還要穿外套在外面巡邏，根本就是酷刑，好嗎？」
「那些大官都坐在冷氣房裡，穿外套也沒差。」
大家一句接著一句，愈講愈火大，便感覺愈來愈熱。
同事講也就算了，但主管怎麼也在喊熱呢？如果他想，馬上就有不熱的方法了吧。
「所長，您可以直接要大家脫外套，這樣應該會好很多。」我忍不住開口。
主管聽完之後，露出嗤笑：「這不行啊。如果今天是分局那邊下令統一脫外套就沒問題，但只有我們沒穿外套，就不行。」
「現在已經授權由單位主管決定了，不是嗎？只要您想怎樣，都是符合規定。」
「那個喔……你要知道，當警察，就是不能跟別人不一樣。」

員警繼續哀號

從此之後，只要有任何對於制服換季的質疑，警政署只會一直重複「已經授權給單位主管」。對於單位主管無力、無能、無心處理的現實，他們置之不理。
「行政科持續注意天氣預報，提醒各外勤單位主官，絕無未彈性換穿短袖制服之情形。」是啊，你們有提醒，但發個公文下來，重複這項規定，有什麼用呢？

每到溫差變化大的日子，基層員警繼續為了這件事哀號，而長官們依舊沒聽到。

兩次提出制服換季的提案，都未被採行

我開啟警政署建置的「警政工作提案改善案件管理系統」，這是一個給警員反映問題的平台，之後會由警政署的官員回覆。

我提出應視個人需要選擇制服換季的提案，果不其然，得到「不予採行」的回覆。至於理由，他們只是把規定複製、貼上。對於我提出各國政策範例、學者見解、對健康權與人格權侵害等質疑，什麼都沒回應。

難道要求自主，對長官們而言，還是太早了嗎？我反省自己的衝動。

半年後，我又另外提了一個案由，希望能把制服換季的樣式，減少為短袖與長袖兩套，至於外套就像雨衣一樣，當作視需要加穿的配件。

精簡換季的規定，但還是讓上級決定什麼時候換季，應該是個折衷的提案吧？減少長官的業務，也給員警較大的彈性。

兩個月後，我才收到回覆。

嚴格來講，不是「收到」，因為系統不會通知你的提議結案了，你只能自己去點系統看，是不是從「審議中」變成「結案」。而從你提出後，不會有任何人與你聯絡，更不會有人來與你確認，彷彿變成與你完全無關的事。

之所以確定是兩個月，是因為我每天都會去系統看有沒有回覆。不意外的，又是「不予採行」。

讓我困惑的是，他們直接又一次複製〈警察機關員警制服換季時間表〉中的內文。意思是單位主管可以視氣溫決定穿著——就與我上次寫建議自行決定季節穿著時的回覆一樣。

「員警自行決定季節穿著」與「把季節樣式減少為兩項」，應該是完全不一樣的事，但警政署的回覆，沒有解釋為什麼要分三季，只說：「單位主管可以決定換季」，就完全迴避了我的提問，讓我不禁懷疑，是不是警政署用了自動回覆系統，只要偵測到文章中有「制服」，就這樣回覆呢？

他們到底有沒有實際看過我提案的內文？他們到底知不知道基層人員實際的狀況呢？

寧可減少員警的保護，也不願意讓袖子少一寸

工作了十餘年，我依然無法理解長官的邏輯。

那個鎖根本沒有意義，也因為槍櫃過於老舊，櫃門柄與插銷一天到晚脫落，開個櫃子，可能就會被它打到。因為線路配置不良而且破損，只要摸到櫃門就會觸電，讓同事還沒出勤，就一身傷痛。

每半個月，我就得找一次鐵工。然而，鐵工師傅也說這個櫃子沒救了，只能換新的，可是換新的，又得花錢，我們就只能一直把那讓人崩潰的門把旋緊。

鐵工師傅來過好幾次。雖然他不會跟我算錢，但也不好意思一直請人家做免錢工，我只好自己嘗試，用些簡單的工具，讓那個櫃子還能用——我從沒想過當警察會當到要穿制服做鐵工。

槍櫃早已超過公物使用年限

同事一直抱怨槍櫃不好用，督導官也一直把它列為缺失，各種指責投向我。然而，我沒辦法徹底解決這個問題，因為把問題反映上去，並不會得到任何回應。

想想也是，如果連修理的錢都沒有，怎麼可能會有錢換新櫃子？雖然那個櫃子早就已經超過公物使用年限，但我們也只能繼續用。

有一天輪休，我依然在派出所，扶著槍櫃門，我試著把門柄旋緊，沒想到線路又漏電了。我痛得丟下手上的扳手，扳手卻狠砸在自己腳上，鬆手之後的插銷，也直接打在我頭頂。

我整個人癱坐在地上，感覺渾身無力。

並不是因為觸電或是疼痛，而是一種萬念俱灰、打從心底升起的空虛與失落。我想起踏進警校時，學校長官說的：「好好做，國家不會虧待你。」然而，所謂的「國家不會虧待你」也就是這樣子，我們到底能期待什麼？

請再繼續使用五年

在我嘗試對媒體投書後，最常收到的指責就是：「你為什麼不透過內部管道反映？」

但體制內改革這種事，我也不是沒做過。

如果寫呈報單就能改革成功，那麼早該在我寫呈報單要換那一個槍櫃時，就該馬上換好了，而不是等我寫到第五份呈報單，才退回並註記：「請繼續使用五年。」

這麼多年，我寫過多少建議，或者當面向長官提出意見，得到的回覆不外乎是：

「這位同仁的意見很有道理，不過很難辦。」

「你管那麼多做什麼？上面是這樣要求的嗎？」

「法律重要，還是命令重要？」

聽到這些答覆的次數，比我被那個槍櫃電到的次數還多。但我很感謝得到這些回覆，因為更多是沒有得到回應的。

警政改革困難重重

某天在準備收勤的空檔，幾個不同單位的員警閒話家常，聊起最近長官一些異想天開的「創新作為」，與不切實際的「勤務指導」。聊到這裡，大家的表情都充滿無盡的憤慨與無奈。

「這就要靠惀宇學長啦，他會為我們發聲的。」學弟把我推到話題上。

沒想到，它所的老學長卻感嘆：「沒用的。長官看到，也只會裝死，不會改變。懷念以前的陳國恩署長，那時候有很多改革……」

學長的嘆息，我也頗能理解。

這幾年來，參與各種議題，從內部走到外部、從議員拜訪到委員、從組長協商到次長，我已經習慣不抱希望的開始，毫無進展的結束。就算方案得到一時的肯定，多半也不會有下文。

警政改革的阻礙很多，多數基層員警也悲觀以待，這時就會期待有一位英明的長官突然出現，體恤基層員警，推動一系列的改革，這樣我們所有的不公、不義、不平就會消失。我們將會得到應有的工作尊嚴，不會淹沒於各種勤務、業務、績效中。

曾經，我也是這樣期待的。

然而，那真的是「我們要的改變」嗎？**這些改革，終歸而言，並不是「我們的」，而是「署長的」**。他改革的手段，也是「因為他是署長」。

因人而來的恩惠，也會因為人而消失。換了一個上位者，這些缺乏民意基礎與規範支撐的改革，很容易就會被當作前朝遺毒排除。

一年、三年、五年、十年……他們換了一個又一個的高官，而這些突如其來又毫無道理的政策與規定，依然會留下，繼續束縛我們、控制社會。

一個進步的群體，理想上會由眾人建立一個制度，並不斷追求更好的願景。

如果還是只能期待某個人來改變，只是說明我們還是不夠進步。那樣的改變，仍舊只是一個開明專制的體系，建立在一個權威者的意念上。

警察體系長久以來嚴格的階級劃分、家父長式的權威崇拜，以及忠誠義務的投射、恩給式的人事行政，強化基層員警對於體制的依賴，相信權利來自於上級命令。所有的改變都是長官的恩給，基層只能等待長官的憐憫。

許多人懷念陳國恩署長帶來的改變，甚至形成一種個人崇拜，「只有國恩能拯救我們。」我們不滿意現在的狀況，但大家並不想採取行動，只是等待再有一位英明的長官施捨恩惠。

對一個被期許為民主社會維護者的組織來說，這何嘗不是一件悲哀的事？

我開始意識到這些情境是無法改變的，**除非「我們」去改變**。**終究還是要有來自基層員警的集體意識**，並建立一個能實質影響決策的機關內民主制度，才能真正保障權益，也符合時代的潮流。

「警察尊嚴」是什麼？從何而來？

第一次世界大戰戰敗的德國建立威瑪共和，但德國人仍然懷念德意志帝國的美好時代，期望一個領袖帶領德國走出敗戰的陰影。

台灣警察不也一樣，依然懷念已不切實際的舊時代，渴望被賦予權力與地位，盼望一個超人為我們改變一切？

如今多數警察執法，並不是因為理解法律本身的意涵，而是因為上級命令我們要做、長官覺得重要，所以我們照辦。

換言之，就算長官的命令有問題，員警還是不會有疑問。

員警服從的是「命令」，而非「法律」；信仰的並非共和民主法治精神，而是體制的權威；整個系統追求的是數字而非價值，強調的是忠誠義務而非法律權利——正如當時威瑪共和缺乏核心價值，導致系統失靈一樣。

最終德國盼來了希特勒，帶來了毀滅。德國人將永遠背負這個共業，直到歷史的盡頭。

那麼台灣警察會等到什麼呢？我們所盼望的「警察尊嚴」究竟是什麼？我們應當追尋的價值是什麼？如果能**從養成教育開始，確立警察任務的核心價值**，使警察從強調服從與階級的團體，變成民主憲政的守護者。從信仰權力變成信仰權利，遵守紀律變成遵守法律……是否能找到諸位長官企望的「執法尊嚴」，以及我們所盼望的「警察尊嚴」？

不再期待超人拯救世界，而是創造一個不需要超人拯救的世界。

警察不是超人，無法解決社會問題；同樣地，長官也不是，他們無法帶來變革。台灣警察要真正變革，或許不僅是器物或制度層面，而是得再思考警察應信仰、守護之物。從舊有的框架獲得解放，進而讓警察得以追尋自己的價值。

真正的尊嚴來自於別人的尊重，而不是一個被賜予的模板（註）。而我們所希望的種種權利，將會從中而來。

能夠拯救自己的，還是只有自己。

註：警專的學生在高中剛畢業還像一張白紙時，就進入警專接受教育訓練，並在大約二十歲進入社會，面對高壓力工作。相較於還在讀大學的同儕們，難有時間摸索與思考自己要做什麼，他們因此容易套上一個模板，照著前輩們走過的路前進，不會思考自己為什麼要這麼做。

真正的敵人——體制

在這個體制中，好人得成為惡人，才能過得順遂。

我沒有敵人。如果真有什麼想要對抗的，只有這個逼人為惡的體制。

「我沒有敵人，也沒有仇恨。」——劉曉波，二〇一〇年諾貝爾和平獎得主

麻煩的案件、混亂的現場，我時常會遇到一些不理性、一知半解卻又自以為是，或想刻意刁難警方的民眾。他們雖然令我嘆息，但還不至於影響心情。這些民眾就只是案件的當事人，等案件處理完，他們就會離開你的生活。沒有必要被這些陌生人影響我的人生，我也可以用法律去處理他們越線的行為。

但面對上級無理的要求，我就會有些情緒。

他們會一直出現在你面前。他們所講的話，你連反駁的權利都沒有；而這些決定將會影響你往後的職場，甚至私生活，就算他的話沒有道理、不合邏輯，我們都只能接受，也沒有法律可以處理我們遇到的問題。

對我而言，這些「自己人」比起敵視警察的民眾，是更讓我沮喪的存在。

好長官是瀕危物種

有些人說，警察的敵人永遠都是自己人。但對我來說，大家都不是我的敵人。

我遇過很好的主管，他積極幫助部屬，就算上級因為我寫文章的事情找上來，他還是不會給我壓力。

我也遇過長官積極與我討論各種議題，甚至還會以此來回應上面的政策，想辦法減輕大家的負擔。

我也看過很開明的分局長，直接說不要編排巡邏路檢點。分局長這樣說：「那只是方便督勤用的而已吧。」

也因為有這些好長官，我才會對警界抱有一絲期待。但我也很清楚，在這個環境中，他們是瀕危物種。

長官在各種壓力下漸漸扭曲

幾乎每次有新長官來時，同事都會先去打聽他的為人作風。

「這個長官在你們那邊人怎麼樣？」

「是個好人啦！」

雖然聽到的是這樣，但很多時候，只會看到這些長官們在各種壓力下漸漸扭曲。長官們剛來時，還會跟大家說：「安全第一。」但到後來，還是會為了績效，不惜一切。督導官一開始還會說：「大家辛苦了。」而後漸漸變成我們熟悉的「砍申誡大刀」。

我常常想：肯定沒有人是立志當一個被大家討厭的長官吧？這些常被痛罵昏庸、迂腐、怠惰的管理階層，在他們踏出警察大學的那時候，應該還是會想成為受人尊敬的領導者吧。那些濫用職權欺壓部屬的「惡人」，在他們來到這個職場前，可能也是個「好人」？然而，在這個體制中，好人得成為惡人，才能過得順遂。

我沒有敵人。如果真有什麼想要對抗的，只有這個逼人為惡的體制。

「等上面那些老頭死光，總會變好了吧？」

某一天，大家聊著上位者愚蠢的政策與他們爭權奪力的醜聞時，有人冒出這麼一句。期待新世代的年輕人成為管理階層，屆時會把那些眾人覺得不合時宜的政策廢除，讓警政迎來新氣象。但，這機率可能不大吧。

在這一行待久了，我也見過不少長官，很多甚至是從基層員警出身，難道他們沒有意識到這些問題嗎？

有巡官對我抱怨酒測勤務沒有效益，但他還是規劃一周四次的酒測勤務。有組長與我討論巡邏路檢點的法律基礎不足，但下次看到他，他在檢討我們路檢點的攔查不夠多。

他們身在其中，就一定得要忽視這些問題。

很多長官這麼說：「等我哪一天爬到更高的位置時，我要改善這些問題。」但等他爬到夠高的位置時，他會說：「這些問題很複雜，沒有你想的那麼簡單。」

遇到第一個態度驟變的長官，我會感到困惑。遇到第十個，我會感到憤怒。遇到第一百個，我很清楚這是必然會有的現象。

僅存的善良，是不落井下石

當從被壓榨的底層脫離時，為何還要回顧自己的黑歷史呢？既然以前的長官可以把事情丟給我做，那麼我當長官了，為何還要撿起來自己做？

爭取自己已經享受不到的權利，代價是要增加自己的負擔，而且還要為此得罪高層或外界，也太違背人性了。

也許當中有幾個人，曾經擁有那樣的理想與正義感，但只要環境如此，最終還是會變成「你們不知道，這當中有很多的障礙與難處……」。

他們僅存的善良，就是在他的同僚剝削基層時保持沉默，而不落井下石。

我難道不知道他們所謂的難處與障礙？身為公務員，我很清楚各種行政倫理與組織默契。身為研究者，我很清楚資源配置或政策研擬的困境。身為社運參與者，我很清楚政客與官僚對社會議題的態度。

因此，要期待上位者不顧自己與周圍群眾的利益，決意突破各種結構性的障礙，只為了保障基層群眾的權利，那實在是太夢幻了。

想要改變系統，你得獲得權力；但等你獲得權力，已經變成系統的一部分。

這個系統只會把我們所厭惡的一切繼續複製下去，就算是年輕的思維、光明的理想，想要在這個環境生存，他就必須要捨棄這些個性，成為一個「警官」來維持這個系統。

我從警這麼久，沒有一次遭遇攻擊後，有人跑來對我說：「你好，我是心理師，有沒有需要聊聊？」

研究發現，警察創傷壓力症候群的發病率是一般人的五倍。警察不僅僅只是一般人，某些方面甚至比一般人還要更脆弱。但我們卻一直認為「大家都沒事。」「警察有受過訓練，所以更能承受壓力。」「我們有完善的輔導措施。」這不是自欺欺人嗎？

警察的身心狀況不只是個人問題，更是公共安全問題。

輯二

壓垮員警的績效

失控的正義

為了累積更多功獎，我趁聚餐時請教績效好的學長。
「這個喔，你就想辦法『弄』啊。」

從警校畢業分發後，我回國中找當時的導師，向她報告出路。
「很不錯啊，應該很適合你吧。你很有正義感啊。」
我無法回答，只能苦笑以對。
「老師，做這一份工作，不太需要正義感。」

「正義的化身」是種幻想

雖然警察總是被上級宣傳為「正義的化身」，要打擊犯罪、除暴安良，彷彿我們所作所為都是正義；然而僅僅擔任警察半年，我充分理解那僅是一種幻想，或者說是自我欺騙以及欺騙大眾。

只要繼續用正義為口號，我們就能正當化一切的行為。

基層被上級壓榨，是為了正義。百姓被警察壓迫，是為了正義。但驅使我們行動的，大多不是正義感，而是恐懼感。引導我們的，不是法律價值，而是威脅利誘。

能夠說一切都是為了實現正義嗎？我們的所作所為，沒有為了一絲個人利益，沒有受到其他壓力，僅僅是為維持社會秩序，而在執法過程裡，維護所有人的權益，依循法律賦予我們的權力，謹守分際而為……這，我說不出口。

在拿出警銬，想的是「這個月的績效達標了」時，我沒辦法這樣說。

當發現眼前的人被通緝，一旁的同事因此喜孜孜地說「這有兩支嘉獎」時，我無法這麼想。

所謂的正義感，在績效數字面前，一點用處也沒有。

這麼多年過去，我深深體悟到，當警察真的不需要正義感，需要的是能夠滿足上級無止境的要求，為此不斷燃燒的欲望。

在法律的界線反覆橫跳，每天都睡不安穩

曾經，我也對於偵辦刑案很有興趣。在實習時，我還利用輪休，跟著專案學長一起去查毒品、色情案件，想要學習發現刑案的方法。當開始擔任警察後，我也很常辦案，當時我的績效在同期中也算不差。

然而接觸得愈多，我便愈不知道自己在追求什麼。確實，我們查到了很多犯罪，但我們抓到這些罪犯，有讓社會變得更好嗎？

兩三年過去，我對這些事已經沒有興趣了；或者說，我會感到畏懼。為了達成那一些績效，在法律的界線反覆橫跳，讓我每一天都睡得不安穩。

長官為了績效數字，基層為了功獎數字。在這個只以數字評價一切的世界，一切都會為了數字而扭曲，無論是法律規範、人際關係、行為舉止，甚至是你的價值觀。

為了讓基層員警願意賣命，爭取績效，除了懲罰表現不佳的人外，長官還會用記功嘉獎來利誘。

所有的升遷、調職，都得看這些功獎。它與警察的人事體系互相綁架，也讓警察的績效主義繼續存在。

監察院曾經因為警察功獎浮濫一事發文糾正，但又能如何？如果限制這些功獎，就沒辦法讓基層警察為績效數字而活，警察的核心價值就會崩潰。

「弄」出更多績效，是警察的主流思想與生存之道

剛擔任警察的那一年，我也很在意功獎。除了上級的壓力外，還有同儕之間的相互比較，職場上也塑造「功獎愈多愈成功」的形象，我們工作目標都是在想辦法找出民眾的違法，以累積更多功獎。

其實我沒有需要功獎所累積的積分，但那樣的情境，依然會讓人為了功獎不顧一切。為了累積更多功獎，我趁聚餐時請教績效好的學長。

「這個喔，你就想辦法『弄』啊。」

「弄？」

「很簡單啊——辦公然侮辱沒嘉獎，你想辦法把罪名喬成恐嚇，這樣就有嘉獎了。和平解決糾紛沒功獎，但只要你激怒對方，用妨害公務逮捕他，這樣就有了。買到贓物的，就把他依贓物罪移送。拿錯東西的，辦他竊盜……這樣就不少了吧？」

「這樣構成要件不符吧？」

「管它構成要件幹麼。警政署也講說案件來，就受理，你幹麼在意？反正是民眾要告的，構不構成關我們什麼事，移送書有拿到就好。

「長官根本不在意你案件怎麼來、之後會怎麼樣。只要刑案積分夠高，長官還不是頒獎給你？而且，如果你沒有刑案積分，因此被上面修理時，程序、要件什麼的，有屁

用。

「放心啦，就算你送錯給地檢署，檢察官也會查證。就算案件不小心跑去法院，法官也會好好審判，民眾不會有什麼損失。這不是皆大歡喜嗎？」

我不知道學長到底是酒喝多了在開玩笑，或是他真的這麼認為，但類似的觀點，我還是會經常聽到。

「紅單開出去就好，就算民眾申訴撤銷，還是算績效。」

「搜出東西最重要，程序有問題……只要沒人講就沒事。」

真的是這樣嗎？

但無論如何，不擇手段爭取績效，賺取更多的功獎，就是警察的主流思想，也是我們的生存之道。

大家最想知道「怎麼做，績效最多」

當然，還是有很多同事抱持著打擊犯罪的信念，然而在現實的摧殘之下，許多人放棄了這樣的幻想，或是也成為追逐功獎的獵犬。

想要對犯罪者多一分理解、想要更仔細地調查案件，只會讓你的工時黑數增加，並且降低你抓績效的效率。

雖然這是一份與法律相關的工作，可是你做得愈久，不一定會累積更多法律知識，如同一位被法官當庭指責違法搜索的警員，警員對法官這麼說：「我畢業之後就沒有精進法律的認知。」

無論是在單位指導新進人員，或是回學校當助教教學生，比起「怎麼做是對的」，大家更想知道「怎麼做，績效最多」。

最後大家在意的是如何達到績效。

那些被逮捕的民眾，對警察來說就只是數字，準備在績效表上畫下一撇，但真的能把這個稱為「正義」嗎？我們不是在阻止違法行為發生，我們在期待違法行為發生。

看到有人喝酒準備開車，我們不會阻止他，而是等他開車上路後，把他逮捕。

雖然同事都覺得這個路口標誌設計有問題，但如果這個路口能為我們貢獻績效，不會有人想要通知交通局來會勘。

我希望自己的猜測，是錯的

而當中也會有人想要自己創造機會。

有一次，民眾報案機車失竊，我感覺很納悶。民眾所描述的位置並不是犯罪熱點，而且他的車輛聽起來不像是竊嫌會下手的目標，怎麼會被偷呢？

我在所內幫忙調閱監視器，幾個同事則到現場周圍尋找。大約一個小時後，「找到啦！停在隔三條街外的防火巷裡！」

報案人一邊跟我們道謝，一邊也喃喃自語：「我的車怎麼會在那裡？」不過既然車子找到了，自然也就沒有失竊一事，民眾高高興興地離開了。

雖然民眾不報案了，但我想繼續看一下監視器，做個瞭解。在我心想看得差不多了時，畫面中出現了長得很像報案人的機車，正被一個男子牽著……

畢竟是快十年前的監視器系統，解析度很差，又是在畫面的角落，我連那輛車是不是報案人的也看不出來。

但那個牽車的男子，他穿的深藍色長褲，感覺長得很像我身上這一件褲子……

因為周圍沒有其他鏡頭，沒辦法繼續調下去，而且就算調到了，民眾也沒有要報案的意思。這個連案件都稱不上的事件，該就此了結了。

然而，我還是不斷地想起這件事，並希望自己的猜測是錯的。

「你們這個就是學校教的正確方式不去理會，而跟著學長亂搞便宜行事，反正很少嫌疑人或被告敢對於警察的作為提出質疑，養成你們肆無忌憚、恣意妄為，不顧程序正義的作法及心態，還可自我麻痺、自我催眠，說誤認檢查、檢視等同於搜索？」——台灣桃園地方法院一〇九年度審訴緝字第5號刑事判決。

「濫權警察」並非個案

在我擔任警察之前，不斷地看到警察不當執法的新聞。在我服務多年以後的今天，依然有這樣的爭議一再發生。

假裝是社工騙人開門、偽造檢舉筆錄、用交通違規名義搜索、故意通知不到讓當事人被拘提……反正大家都是想辦法先弄到手。如果被批評了，再來抱怨「我們都是為了打擊犯罪」、「司法都不支持警察」、「這些都是個案」。

但批評個別員警拚功獎，其實沒太大意義，因為**制度就是這樣設計**的。他不去拚，就是被拚的人踩下去。

他的每一支嘉獎都是長官核定的，他的行為都是被上級讚揚與鼓勵，他才是被這個體制所肯定的人。警察系統就是想要每個人都這樣拚績效，如果你說他「濫權」，那是否表示我們的制度，就是在鼓勵濫權？

對於員警個人來說，他一定不會覺得自己有錯——實際上，你能說他錯嗎？他只是按照上級的要求工作，複製那些體制內「成功者」的經驗，走在整個制度文化希望他走的路。他們是實現上級所希望的「警察尊嚴」的模範。他不是第一個，甚至不是最失控的一個，而且肯定也不是最後一個。大眾所說的「濫權警察」不是個案，而是整個警政模式必然的產物。

失控的人來自於失控的體制，權力濫用是由上而下、由內到外。濫權警政所造成的濫權警察，如同毒樹所結的惡果，沐浴在以嘉獎為名的祝福中落土，被體制的支配者所收成。

對於身處黑暗的我們，我只能致上由衷的祝福，以及憐憫。

追車

台灣警察的裝備、程序、技術全部都落後於各國，

但我們卻比他們更敢於執行危險駕駛行為，也依賴它支撐我們的警察榮譽。

警專有辦理駕訓課，讓沒有拿到汽車駕照的學生去上課。

我們每天四點多起床，到新北一間駕訓班，啃著饅頭，聽教練講完考試的內容。講完後，五個人分一組，配一個教練去練習。

教練開過一次給我們看，講些通過路考的技巧，就留下我們自己嘗試。我們大約有四小時的時間摸索……不過，讓教練把車從安全島上開回路面花的時間比較多。

吃完中飯後，我們便直接回到學校，就這樣上了三天。

名義上，我們有三天駕訓課，但實際只上了三個半天，還是五個人分著練習。我忍不住懷疑，每個人的駕駛時數有沒有十小時？

「這樣，真的能考過嗎？」我們每個人的心裡都這樣想。當然，最後總是得想辦法考過。所以，我們在路上看到警車，最好閃遠遠的。你不知道裡面開車的是疲累至極的老鴿，還是根本對車子一竅不通的菜鴿。

警察駕駛能力普遍不佳

曾經有一次，學弟們在外面巡邏，我在裡面備勤，他們打電話回來跟我說：「車子發不動了。」

警車故障是很常見的，不如說你在路上看到的警車幾乎都有毛病。

我在電話中，一一跟學弟們確認故障的情形，但也一一排除所有的可能情況。最後，我只好去現場看看是什麼問題，但當一打開車門，我就不知道該說什麼了。

「……你們打D檔，當然發不動啊。」

你大概可以理解警察駕駛能力的平均水準了。

當我拿到駕照時，我的心裡也有些焦慮，因此我在下單位前，趕快找時間練車。

然而，如果沒有私車，那麼就只能等分發後，在半夜開警車練習。技術不好，撞到很正常。摸摸鼻子，賠錢了事，總比哪一天真的剩下自己得開車，結果出大麻煩還好。

不過，在市區開車的機會不多，一般單位的主管也不會希望你開車巡邏，認為這樣會沒有攔查績效，他們要求除非颱風天，否則一律騎機車。結果很多菜鴿畢業三年多了，還是不敢碰車。

一定有人會問，既然大部分是機車巡邏，那麼警察有機車訓練嗎？過程大概是這樣的。

「你有機車駕照嗎？」

「有。」

「好。你可以了。」

員警多數時間都是疲勞駕駛

從我開始擔任警察後，沒有任何一項訓練是與駕駛技術有關的，最多就是讓我們看道路安全講習的影片。

畢竟教官要教的東西已經太多了，而駕駛能力沒有評比，再加上駕駛訓練也需要場地與設備，等於額外的支出，自然也不會有長官想要特別安排訓練。

所以，警察的駕駛能力就跟普通人差不多——甚至可能更糟。可是在法律還有業務傷害規定的年代，警察出車禍，會被依業務傷害，追究更重的刑責，甚至連非執勤時間出車禍，都會依此判刑。

當法官說：「被告受有交通相關專業知識及技能訓練，卻仍違反保護他人之法律……」但很抱歉，法官大人，我想被告是真的沒接受過專業技能訓練。

除了駕駛技術差之外，另外一個問題在於疲勞。

員警大多時間都是疲勞駕駛，雖然機關在發生事故後，一定會說：「絕對沒有讓同仁過勞，都是同仁不利用時間休息。」但警察每日工時十二小時都是連續的勤務，也沒有可以真正放鬆的時間，到了最後幾個小時很容易恍惚，且勤務時間不定導致的作息混亂，就算你在輪休時多睡幾個小時，也補不回來。

我自己有兩次開車開到失去意識，幸好都被副駕駛座同事的慘叫聲嚇醒。問問其他同事，大約九成的人有類似經驗。

根據美國研究顯示，睡眠時間小於六小時的肇事率是一般人的1.9倍，它的危險性甚至高過酒後駕車。我們要求一群肇事風險更高的警察去取締酒駕，其實是滿諷刺的。

所以，每一次我看到警察追車導致事故的消息都會好奇，到底是誰給這群先天訓練不足、後天休息不夠的基層員警危險駕駛的勇氣呢？

當然，答案也很清楚。

再沒績效，交通組將懲處大家

有一次，因為派出所的酒駕件數未達分局的績效要求，為此，每一次分局開會都是對主管的一陣羞辱，主管承受了很大的壓力。

我們的輪班也因此愈來愈混亂，有愈來愈多為了取締酒駕而存在的勤務。除了每天半夜一定要有的路檢酒測，早上也會安排一樣的路檢，看看能不能逮到宿醉騎車的民眾，而例行的巡邏勤務也不用巡了，就直接到各工地外面盯著，攔下每一個駕車離開的工人。我們整天上班就是為了抓酒駕。至於警察任務的目的性、警察執法倫理、尊重人權，你拿去跟長官講，只會被罵——沒有績效的人，沒有人權，甚至根本沒資格發言。

就這樣過了幾天，大家都非常疲累，警力也已經被榨乾了。

我們已經無所不用其極，不管什麼人都攔，攔下來就叫他吹酒測器。但，還是什麼都沒有。大家的心中也充滿了恐懼，不僅僅是因為這樣的日子很難受，還因為如果再沒績效，交通組就要懲處大家了，「未查獲酒駕績效，工作不力，申誡一次。」

為了績效，追車險象環生

某一天晚上，主管決定親自帶班，向上面長官展現我們派出所的積極度。

主管與我穿制服騎機車在巷子裡待命，並要另一位學長穿便服騎私車，埋伏在酒店附近。如果離開的客人看起來像有喝酒又開車，就通知我們追上去，把他攔下來酒測。但我們的聯絡不是很順利，所以等確定目標時，便衣同事早已經追著目標到下一個路口了。主管便下令開警報器，追上去。

當時正值尖峰時間，我左手拿著手機，確定同事的位置，右手猛催機車油門，一路用最快的速度在幹道上疾馳。

我在車陣中穿梭、闖過幾個紅燈，也差點撞到其他車，險象環生，費盡千辛萬苦，終於追到了目標——結果駕駛並沒有喝酒。冒險犯難，白忙一場。

而我也直到停下來時才發現，剛剛經歷了什麼，以及自己有多麼幸運這件事。

績效使人瘋狂

隔天，主管主持勤教，他當著所有同事的面，向我與學長道歉。他說事後想想，不應該讓我們置身在那僅僅賭在一絲絲機會，但卻高度危險的執勤環境，並且向其他人表示，他不會再排這樣的勤務了。

這是我第一次，也是唯一一次見到有主管因為讓警員陷入危險而道歉。

他是一位非常好的幹部，會為同仁跟上級仗義執言。他讓我們有更多的休息時間，甚至還會陪我們一起在深夜整理業務。仁慈、理性、睿智……就像許多故事裡會有的理想中的領導者一樣。

但就算是如此為同仁著想的幹部，一樣會被制度所逼急，做出失去理性的決策。如果我們的制度會讓人陷入瘋狂、失去理智，那麼，這樣的制度真的能保障警察與人民的安全嗎？

美國、日本警察不會為績效而追車，對於追車的裝備、訓練也有規定

二〇一九年，汐止分局薛定岳在騎乘機車追緝犯嫌時，不幸自撞分隔島殉職。他的未婚妻侯小姐在臉書上向總統陳情，第一項便是希望「績效制度要更改」。

這是所有人都清楚的警察冒險犯難的原因。雖然眾位長官一直公開強調「不要追車」，但**所有人都知道，要查獲他們要求的績效，幾乎都得追車**。

以交通違規為例，用錄影逕行舉發，不列入績效件數；而酒駕、毒品這類案件，用路檢查獲的機率也不高，絕大多數的績效都來自巡邏攔查。但是，警察並沒有被訓練要怎麼追。機關只要結果，過程全看個人造化。有些教官會嘗試辦理駕駛訓練，但沒預

算，也只能讓大家繞繞三角錐。

美國的警車會花費大量經費改裝，以應付高強度勤務，員警也有超過四十小時以上的駕駛訓練。此外，他們還研究各種車輛戰術，去應對不同的情境，例如實施包圍攔查的緊急車輛操作、迫使犯嫌車輛停止的車輛追緝策略（PIT maneuver），而員警們也會經過反覆的實際駕駛訓練，以掌握技術。

但**除了訓練與裝備外，更重要的是控制與管理**。例如，舊金山警察局制定「緊急回應與車輛追緝規定」（Emergency response and pursuit driving），詳細規定員警追車的要件與程序：不是為了防止重大現行犯罪，禁止追車；要追緝時，需要多少人車配置、何時該放棄、由誰來主導行動等。

美國警察會追車，可是他們不是盲目地為了達成績效而追，而是在掌握情況的前提下，為了維護公共安全，發揮專業。

日本警察則將員警的駕駛技術分級，要求員警要通過駕駛技術的檢定，包含對於車輛的知識與實技，還有心理適性的評估。例如東京警視廳規定只有取得最高級別的員警，才能操作使用警報器的緊急駕駛。

但我們的警車不像美國警用汽車為執勤量身打造，還加裝防撞桿、抗彈板等配件，全都是最廉價的採購選項，連改裝機車都追不到；而且最新、最好的車會變成長官座車，等到要汰換時才會分給派出所。在一些經費較為不足的單位，連想要修理車子都有困難。

曾經有學長為了能安全地追車，自己花錢改裝警用機車的煞車片與輪胎。每次裝備檢查前再換回來，但偶爾還是會被臨時督導的長官看到，而列入缺失。

看他為了保護自己，以及滿足上級的績效要求得自掏腰包，可是卻又因此被長官責難，總覺得有種難以言喻的悲哀。

制度殺人

相比國外，我們沒有完整的執行程序或通訊、追蹤技術，可以支援現場的員警。至於訓練，更是遠遠不如還有專用駕駛訓練場的各國警察。

台灣警察的裝備、程序、技術全部都落後於各國，但我們卻比他們更敢於執行危險駕駛行為，也依賴它支撐我們的警察榮譽。使用比別人落後的裝備，處於比別人惡劣的勞動環境，卻要求比別人更多的收穫。

制度殺人，實在可怕。那些由長官發布的「員警英勇查緝犯嫌」、「勇警意外負傷」新聞稿，宛如赤裸裸的邪惡，呈現在眾人眼前，卻被包裝成警察的光榮事蹟。

蔡英文總統得知侯小姐的陳情後，同樣在臉書上回應「將取消『取締酒後駕車工作計畫之基準分』，希望有助於減輕基層同仁不合理的壓力」。

然而，到了現在，警察每一次開會，還是盯著那一張酒駕績效目標分配表，繼續聽著長官各種恐嚇。

員警發生車禍，能得到的是申誡

可想而知，員警發生車禍是稀鬆平常的事，光是新聞上播報的就不少了，但更可怕的是，那僅僅是「有被統計的件數」。

每一年我都有認識的員警出車禍，但其中只有不到一半的車禍會往上呈報長官。除非是很嚴重的事故，不然大多數是私下處理。

因為機關不會給你任何協助。不要想著會有什麼修繕、醫藥費用的補助，就算你是因公務發生車禍，也不要奢望機關會幫你負擔相關的賠償，它也不會幫你處理後面的司法訴訟問題——你唯一能從機關那裡得到的，只有因為你肇事而給的申誡。

當然，有一些好長官會想幫助員警。他可能會請地方人士幫忙協調，或是透過募款應付開銷，但你能不能遇到這種好上司，又能得到有用的幫助，就看你的運氣了。

有一次，一位員警巡邏時發現一輛形跡可疑的小客車，當他想要上前盤查時，那輛車加速逃跑，他也就直覺地追上去。

在高速追逐幾公里之後，對方卻突然急煞。員警反應不及，直接撞了上去。員警的裝備毀了、褲子破了，膝蓋上的傷口血肉模糊，幾乎無法行走。

他是我見過最勇猛、強悍的員警之一，他比任何人都要注重自己體格的鍛鍊，但這種情況，他也只能咬牙切齒，痛苦地發出無聲的叫喊。

其他同事努力搜遍那輛車，想要幫他爭取些什麼，但沒有發現任何違禁品。最後，也只能將對方辦個妨害公務。

後來我問這位員警，機關有給他什麼幫助嗎？

「沒有，它有給我什麼？都是自己請公假啊，因為沒績效。那時候就只看結果，不看過程。你要有抓到東西啊，沒抓到東西，誰理你。」

警察連職業災害保護，都得用績效籌碼去換取。

我們把一切都奉獻給了警察這一份工作。家對我們來說，是個很遙遠的地方。

有的同事母親病危了，但直到離世的那一天，同事都沒辦法回老家一趟。

有的同事小孩一歲了，卻完全認不出爸爸。

坐在值班台，接到的不是民眾報案電話，而是妻子問一個禮拜不見的丈夫何時回家，而她的丈夫還在某個工寮埋伏毒品交易。「他其實沒有上班，對吧？你不要騙我！他是不是在外面鬼混？」我沒辦法跟她解釋。

我們很常接到夫妻糾紛、親子爭吵的報案，但在我周遭，幾乎無時無刻都有同事家庭失和。

勤前教育

「……主管，我已經連上二十天了。」

對基層員警來說，說出這一句話，可能需要比攻堅現場更大的勇氣。

下午五點四十五分，大家準備交接班。領裝備的領裝備、簽簿冊的簽簿冊，聊著今天又碰到什麼奇怪案件、最近看中什麼新裝備……

我們盡可能想保持輕鬆愉快的氣氛，然而隨著時間一分一秒過去，大家愈來愈沒有說話的心情。

五點五十分。「好啦，大家該去勤教。」巡佐開始催促，眾人頓時靜默。有人面色鐵青，有人無聲嘆息，大家緩慢地往辦公桌區移動。

唯一笑得出來的只有值班的A。A愉快地向我們揮揮手，目送我們這群罪犯走上刑場。

一個都不能跑

勤教，全名是勤前教育。依照警政署的說法，是為了確保員警值勤安全及有效執行任務，但實際上是要大家聽上級訓話。這與一般公司的例行會議沒什麼兩樣，差別只是員警沒什麼講話機會而已，且也沒什麼特別的教育功能。

依照〈警察機關勤前教育實施規定〉，基層單位必須每天實施勤教，就算沒什麼需要教育的，大家還是得乖乖坐好，讓承辦人拍個照片，回報上級，我們都有遵守規定。

然而，這樣的勤教時間對於多數單位來說還是很重要，至於為什麼——

「叭叭叭叭~叭叭叭叭叭~」電腦上的接報系統鈴聲大作。巡邏的B與C，他們兩人的臉上立刻恢復光彩，趕緊湊到電腦前面。

「陳佐！有違停！我們不去勤教啦！」沒等其他人回應，B與C立刻衝出門，跳上機車。看他們這麼著急，還以為是報案抓到現行犯。

剩下的人，還是得面對現實。

我已經下班了，可是只要是今天上班的人都要參加勤教，所以我現在坐在這裡，不算在工時內。但，至少我不是最慘的。

D一臉疲憊地拉了一張離主桌最遠的椅子。D今天是兩段班，早上八點上班到下午兩點，待會兒凌晨兩點時，還要上班到早上八點。D現在沒有上班，不過還是得參加勤教。像他這樣休息時間被切割，睡到一半，又得回來派出所開會，這一段時間也不算工時，才是大夥兒同情的對象。

雖然〈警察機關勤前教育實施規定〉規定：「員警於勤前教育開始時已無勤務編排者，除有特殊情形，不得要求參加勤前教育。」但對長官來說，什麼狀況都可以是「特殊情形」。

「民眾報案有比勤教重要嗎？」

我們各自坐在辦公桌前，不發一語，只希望這次勤教可以在三十分鐘內結束。

等了十分鐘，我們聽到鞋跟踩在樓梯上的沉重聲音。每踩一聲，我們的心就沉一下。

主管走到最前面的桌子，他環視著在場所有人。大家連忙翻開筆記本，藉以迴避他的目光。

「B跟C呢？」

沒有人敢接話。

這個場合，唯一有話語權的人是幹部、內勤與專案。但沒有必要，誰也不會開口。他們相互對看。最後，巡佐不情願接受他得開口的事實：「B跟C去處理違停了。」

「違停比勤教重要嗎？」主管冷冷地說，讓現場的空氣又更為凝重：「他們只是不想勤教吧。等一下叫他們回來找我。」

B、C，安息吧。

決定生死的白板

「把白板拿過來。」

主管所指的白板正掛在辦公室的正後方。上面列了派出所每一個人的名字，並寫了你這個月辦過什麼案件、總共開了幾張罰單。

他開始一個個點名。

「E，你這個月有什麼績效？」

「報告主管，我辦了一件毒品、開了兩張闖紅燈、六張未依標誌……」

「工作要做重點。現在酒駕還缺兩件，請大家盡量幫忙。你有什麼策進作為？」

「我會加強攔查……」

「F呢？」

「……」

「講話啊？我看你只有開十張單。當年，我還是警員時，一個禮拜就開完一本罰單。你們這麼多人，連這一點數量都開不到?!」

「而且刑案呢？不要只會開單，當警察要會辦案。你到底有沒有在用心？」

「我又不是沒做事……」F咕噥了一句。

幸好，他離主管的位置最遠，而主管正陶醉在自己的演講中，開始講述他以前破案的豐功偉業……雖然他每次勤教時都要重複一遍。

我心不在焉地看著眼前分機的電話線，剛好它響了。

「學長，有民眾來報傷害案，請備勤出來受理。」

我硬著頭皮打斷所長的演說，並瞄向備勤的H。H掩飾不住滿臉的欣喜，立刻起身。

我從來沒見過有人這麼想受理案件。

「就是個傷害案而已，不急。H，你先等一下。」

H瞬間凍結在原地，臉像是被正面揍了一拳一樣。

主管的怒吼與羞辱

當然，不會有什麼事比主管想罵人更急的。

「你這個月有什麼績效？告發幾件？」

「我辦了一件傷害跟一件恐嚇，沒有開到單。」

「都沒有績效？你有什麼困難？」

如果憤怒可以傷人，H大概已經死到屍骨無存了。

我們知道主管不可能輕易放過他，就怕自己待會兒也被掃到颱風尾。

「為什麼沒有？你講個理由啊？」

「……因為我能力不足。」

「混帳王八蛋！你在混啊？你他媽什麼態度，沒有績效，還敢這樣講話？

「各位同仁，要有點良心。你沒績效，整天沒做事，這樣領薪水，心安嗎？」

我們每天勤務上好上滿，整天處理民眾各種報案，解決社會上的大小問題，這薪水又不是破案獎金，有什麼好不心安的呢？

令人窒息的氣氛

「你出去，叫A過來。」

A一臉慘白地走進來，顯然是沒想到連值班都躲不過。

平常長官都說值班要在值班台坐好，除非必要，不能離開——但顯然聽主管訓話，是必要的。

「你是交通業務承辦人吧？行人違規還缺幾件，跟大家說！」

「……還、還差十二件……」

「你身為承辦人，有什麼想法？」

「……我等一下巡邏會盡量努力……」

「一班巡邏開四張，不過分吧？」

沒有人敢接話。

「我平常都會給大家福利，像你們要請假，只要拿出成績，我都會蓋章。大家是不是應該要為這個團隊貢獻更多？每次去分局開績效檢討會，分局長一直問我為什麼沒績效，我都不知道該怎麼回答。」

主管繼續看著白板。

「I呢？」

「他今天休假。」

「他那一件竊案怎麼沒跟我報告進度？沒有進度，還敢休假?!」主管一邊說，一邊拿起手機。

我們面面相覷。知道I最近因為加班的問題跟老婆吵架，好不容易才利用上個月抓的毒品與通緝請到假，準備帶著一家三口出遊。

不幸的是，放假前一天，他被排到備勤，還接到一件機車竊盜。他當時面容僵硬地死盯著報案人，像是看到弒親仇人一般。

主管當然也知道他面臨家變，但還是在我們面前撥打電話，而且還開擴音。

「你那件竊盜有對象了嗎？」

「……主管，我回去會弄，拜託給我一點時間……」

「立刻把東西放在我桌上，我八點以前要看到它。」主管講完這句話，便掛上電話。

氣氛真是糟透了。

「……主管，我已經連上二十天了。」

在這個空間，連多待一秒都覺得痛苦。除了正在被檢討的人之外，其他人都努力繃著一張臉，深怕有什麼動靜就會惹到主管。

然而，此時主管卻深情款款地看著G。他努力擠出僵硬的微笑，用我聽過最溫柔的聲音開口：「G啊，之前講的那一件賭博，應該可以了吧？」

儘管主管這麼熱情，G卻沒想與他四目相交。G只是死盯著桌子。

雖然G的態度明顯比前面幾個無禮，但主管也不會為難他。身為派出所的專案，G就是有這樣的地位。主管也要盡量讓他開心點，好讓他繼續滿足各種績效要求。

「……那個點不好弄。沒有檢舉筆錄，要請票，也很難。」

「另外一個打牌的呢？這次專案期間，不能只有我們所沒有啊？」

「……」

「這幾天再辛苦一下齁？這三天，想辦法把它弄好。」

「……主管，我已經連上二十天了。」

這時的氣氛從糟糕變成了尷尬。從來沒有人想到，平常對主管都答「是」的老學長G，竟然會對主管說出這句話。連帶的，主管的笑容也僵掉了。

上一週的肅竊專案、這一周的掃毒專案、下一周的組賭專案。天天都有不同的專案，勤務表上也每天都有G的名字。一天上班近十六個小時，G不曾說過什麼怨言。雖然實際上，我們輪班組也並不清楚專案組在忙什麼。他們來派出所簽到後就外出一整天，四處勘查現場、查訪線民，或是在辦公室的角落打偵查報告、做各種證物資料。只有需要收網時，才會臨時叫我們去支援，讓整個派出所人仰馬翻，但大家都還是可以感受得到他們的壓力。

疲勞與壓力不斷交替累積，讓一向順從的老警員G也翻臉了。

心力交瘁到沒力氣回應

主管做出一種混雜著窘迫、不滿，但又想要故作輕鬆的怪異表情。他結結巴巴地說：「老G……這個……拜託、拜託，這個我們私下再講，等等我們開完會再聊齁？」

G沒有答腔。如果換作是別人，大概會以為他在生悶氣吧？但我們都清楚，G只是累得沒力氣回應了。

對基層員警來說，說出剛剛那一句話，可能需要比攻堅現場更大的勇氣。

但也多虧了這個小插曲，主管草草地結束績效檢討，開始宣達那些我們已經連續聽了三天的上級指示。

這一次的勤教很幸運，只花五十分鐘就結束了。

雖然許多的管理學家、心理學家都說「開會沒有幫助」、「愈愛開會，愈沒有效率」，不過警察就是這樣天天開會。

現在科技進步，長官已經很習慣用LINE傳達命令，但派出所還是規定每天按時開會，就為了應付上級檢查，或是讓主管檢討績效。

美其名叫做勤前教育，但其實並沒有什麼教育功能，或者它的用意是要教育大家：績效對警察是多麼的重要。

被數字追逐的警察

「人家有績效，你有什麼？」

學弟跟所長抱怨勤務不公時，所長只回他這麼一句。

某天晚上，我與學弟一起開車巡邏。當開到巡邏箱附近，要準備簽到時，坐在副駕駛座的我先下車警戒；但我才關上車門，車子卻突然加足馬力揚長而去。我被留在空無一人的暗巷。

我很緊張，除了只有自己一個人的不安全感之外，更多的是對學弟的擔心。是臨時發生什麼重大案件嗎？緊急到學弟寧可拋下同事，也得趕去現場？但這麼晚了，還要開快車，很危險吧？是什麼問題嚴重到需要這樣？他一個人去，安全嗎？我該怎麼支援他？如果我用無線電通報，會不會反而誤事？我走過去，會來得及嗎？可是，我連要去哪裡找他都不知道……

過了十餘分鐘，當我腦中仍然一團混亂時，學弟慢慢地把車開回到我前面。他悠哉地下車，準備簽巡邏表。

……現在是什麼情況？

「呃……你剛剛去哪了？」

「嗯？前面有輛車，我想去看看他有沒有酒駕。」

「它有什麼可疑之處，讓你覺得需要去攔？有違規，還是行為有異常？」

「沒啊，就想攔下來看有沒有。」

「所以你只是臆測它可能有違法，然後憑著你的臆測去攔查？並且讓你處在剛剛的狀況裡？」我的音量不自覺地大了起來。

學弟感覺到有些困惑：「怎、怎麼了嗎？我想會來不及，就先過去攔它啊。」

我不知道該說什麼，只能默默地坐回車上。

之後在車上，學弟一直重複：「歹勢啦。」「我覺得可能會中。」

很顯然地，學弟並不清楚我為什麼會有情緒。不過，我倒是很清楚，在警界的主流價值觀中，學弟才是正確的。

學弟這樣的行為會受到上級肯定。長官會認為他積極執法，而且他確實也是很認真地想要查獲績效。像他這樣的員警，在台灣的警界中占多數，是會被長官認可的「模範警察」，長官甚至希望基層員警都能群起效法，所以無論我說什麼都不對。

就算學弟的決定可能會讓自己、同事與民眾陷入危險，就算他的行為不合乎法律規定，但這依然是正確的。

對警察來說，績效就是這麼重要。這是唯一用以衡量警察的標準，也是最重要的工作目標。

學長教的最重要的一課

過了幾年，我與一位學長騎車巡邏。當時正值寒假期間，警專讓學生到派出所實習，而學長被指派為學生的指導員。依照規定，學生不能駕駛警車，只能讓這些指導員載他們。

那時候，我們剛好接到一件違規停車的報案。到現場後，由我負責寫舉發單。違規停車並沒有列入績效評比，因此對大多數員警來說，開單沒意義，又很容易與駕駛人發生口角，他們自然不會想去開這種單，因此這種事當然得由資淺的員警來處理。

學長在一旁沒有事情做，他便開始攔其他車輛盤查。

依照學校教育與上級宣導，學長應該要在我與違規人附近，找一個安全的位置，負責警戒，但他就與大多數的警察一樣，想要有更多績效。

實習生狐疑地看著我們兩個，他顯然正困惑於學校教育與實務運作之間的矛盾。

「放心吧，等你出來工作就會習慣了。」我在心中這樣為他憐憫。

當學長開完一張不依標誌行駛的罰單後，我也與違停車主爭論完了，準備要前往下一個報案地點。

但此時，在前方數十公尺處，一個老伯伯正把機車騎上人行道。學長見狀，立即跳上機車，追了上去——也就這樣把他載的實習生丟在原地。

我默默地看著實習生，他的表情從困惑轉為茫然。大概從沒想過實習還會被師傅給丟包吧。

「要我載你嗎？」

「麻煩學長了。」

一路上，我沒說什麼，畢竟我不是他的師傅。雖然我也擔任過學弟妹的指導員，但我們從沒有學過怎麼教育新人，自然也不會知道什麼是標準答案。而學長的做法，恐怕才是這個制度中的正確答案吧。

真要說起來，學長載著實習生一起巡邏就已經超過一百分了。許多指導員會覺得載實習生很礙事，不好追車攔查，寧願把實習生丟在派出所內。許多實習生整個寒暑假都在派出所內打雜，他們學到最多的是公文要怎麼分類、桌子怎麼擦最乾淨。

而學長今天也教了實習生最重要的一課：只要你有績效，什麼都是對的。

績效就是一切

在警察的世界，績效就是一切，也因此所有人都為之瘋狂。

「人家有績效，你有什麼？」學弟跟所長抱怨勤務不公時，所長只回他這麼一句話。

有績效的人，想要什麼時候放假，自己挑日子；沒績效的人，連放假的滋味都不知道。

有績效的人，上級要排勤務都會先問過你；不想上的班，就讓沒績效的人去上。

有績效的人，遲到早退，長官不會說什麼；沒績效的人，開完會留下來讓長官訓話，最後一天延後下班，勤務比別人更繁重。

有績效的人，上面有什麼專案敘獎都會分給他，就算沒做的事，也會有他一筆功勞；沒績效的人，等著因為「工作不力」被懲處。

我辦過許多的業務，其中一項就是統計所內同事的績效。所長指示，當月分績效最差的前三名，之後有什麼苦差事，都讓他們優先做；而績效最好的前三名，可以免除交整、備勤勤務。

這是一個成果大於一切的世界。為了得到成果，大家無視各種風險與紀律，彷彿只要有績效，過程如何都無所謂。

那天，當我正準備出門巡邏時，資訊業務承辦人把我叫住。

「倫哥，我們上個月的小電腦查詢次數太少，未達標準值，分局會檢討。」

怎麼連這個也會有績效評比？我們勤務中使用小電腦查詢民眾個資，一定都要有所依據，我查詢個資也是因為勤務需要。沒有需要，當然就不會去使用。有符合攔查要件的人就這麼多，我要怎麼去增加？

「詳細情形我也不知道啦，反正就出門多盤查吧。」

沒辦法，就只好遇到什麼人，就都把資料抄下來湊件數吧，反正只要達到績效目標就好了。

任何事物警察都可以設定績效目標，也因此警察做事只會考慮數字的呈現。

我是戶政事務所的戶籍員？

有一年，上級很在意轄內有多少未設戶籍的常住人口，要求警察去清查。照理來說，人民有居住遷徙的自由，這種警察查戶口的行為，早已經不合時代，況且現在已經分出專業的戶政機關，關於人民戶籍的事務，應該由他們來執行，更合乎法律，也更有效率。

但是上級下了指示，警察就得去完成。

那一段時間，長官要求我們每個人在月底要提報三十個常住人口，而且還要求附上聯絡方式、職業、車號等個人資料。到底為什麼要這麼詳細的資料呢？民眾一臉狐疑地看著我們，我們也只能尷尬地說：「是上級要求。」

值班時，也一天到晚接到民眾打電話來：「不是說警察不查戶口了嗎？怎麼會有警察來說要查戶口？」「說要查戶口的，是不是假警察？」「為什麼警察要問我的職業？」讓我不知該如何解釋。

如果快到月底，還不夠三十個，就停休，回來查戶口。如果最後沒有達成，到了下個月，上級會加強督導。

當時大家都很緊張，就連巡邏時都跑去查戶口。處理案件時，若發現當事人未設籍在轄內，就把資料抄一抄，輸入系統內。

我以為自己是派出所警員，不過那時候看來比較像是戶政事務所的戶籍員。

順帶一提，依照人口及住宅普查統計指標的定義，常住人口要在現住地居住六個月以上，但我們只要數字，並不管正確性。只要看到屋子裡有未設籍的人、在店裡工作的員工，我們就跟他要證件來抄寫。至於他到底實際上住在哪裡，對警察來說，一點也不重要。

很久以後，我跟當時的長官聊起這件事。

「喔，那個常住人口專案啊？那時候本來是要民政局做啊，但不知怎麼的，上級就自己包下來做。最後，民政局統計的人口數還比警察局多呢，畢竟他們調資料什麼的都比較容易啊！」

……結果，我們到底是在忙什麼啊？

當績效評比無所不在……

更奇妙的是，連與公務無關的，也會有績效評比。

「這個月，市政府辦運動會，有設計T恤……我希望大家都可以購買，分局有在統計件數。」所長這麼對大家說。

我想這應該只是一個宣傳罷了，但後來去分局辦公時，我發現真的有統計各單位買了幾件。

「雖然是市政府的義賣，但分局長就是要大家買啊！他還說：『我不會在意，但會放在心上。』講這樣，你也知道意思吧？」

聽到承辦人這麼說，我默默點頭，咀嚼這一句頗有哲理的話語。

會不會哪天連上廁所時間都要當績效統計呢？

臨檢

那輛貨車在我一公尺處前停了下來。駕駛一臉抱歉，搖下車窗說：「歹勢啦，我沒注意，沒看到你們在攔。」

我能說什麼呢？或許，我該覺得自己很幸運，沒有成為統計數字的其中一個。

「你排晚上八點開始臨檢，又在這種鳥地方，怎麼會有績效？」

主管上車時不停地抱怨，一下子講臨檢勤務的效益很差，一會兒抱怨業務組安排的時間、地點不好。

我們其他員警連回應的空間都沒有。

在橋上站了三個小時，臨檢所有經過的車輛，偶爾會有民眾被攔停時抱怨：「我就住這邊，每次都遇到臨檢，天天都被你們攔。」

這位民眾沒說錯，現在天天都有臨檢。派出所兩天就排一次擴大臨檢，再加上交通隊、保安大隊，因此幾乎天天都會有警察臨檢勤務——還有一些不稱呼為臨檢，但依然在臨檢的勤務。

不斷追加的臨檢

台灣警察過度使用臨檢這項勤務手段，大概是民主國家之最了。平常已經是如此，萬一長官想到什麼，又會再追加更多的場次，例如轄區酒店發生鬥毆案，連排臨檢三天。掃黑專案又到了，連排臨檢五天。最近沒有績效，連排臨檢一週。長官突然想發新聞稿，因此趕快發採訪通知，排一場臨檢，讓大家帶著記者一起去盤查……

我詢問過上百位警察，包括管理階層，問他們：「什麼勤務對治安有幫助？」從沒有一個人的答案是「臨檢」。相反地，如果要選最沒用的勤務，十之八九都說臨檢。就算一整晚都沒有車子經過，我們還是要在那裡呆站幾個小時，而三不五時就會出現一群長官來督勤，分局、督察室、交通大隊，每個人都會來看你有沒有攔車，提出各種指導。

「你們四個人都站在同一側攔汽車，這樣怎麼會有績效啊？要分兩組，分別攔汽車跟機車啊！」交通組長表示。

遵照指示辦理。

「你們怎麼拆兩組呢？這樣不符合規定，也很危險啊！」督察員表示。

遵照指示辦理？

「你們要只留一條車道啊，這樣才能好好檢查每一台車！」行政組長表示。

……遵照指示辦理。

「你們只留一條車道，這樣車流要怎麼過去，這個要列缺失。」交通大隊警務員表示。

……

設置臨檢站，員警沒有太多防護設備

撇開上級督導不提，道路臨檢的危險性也相當高。夜間視線不好，再加上駕駛大多很疲憊，只想趕快回家，又不會預期到平常走慣的路有警察設臨檢站，很容易會因此發生事故。或者有可能駕駛注意到了，開始減速，但後面的車卻沒注意到，一頭撞上去。

二〇一八年，台北市共有四十九名員警在執行路檢時，遭衝撞受傷。

員警設置臨檢站，並沒有太多的防護設備。交通錐、警車就是僅有的掩體，四名警力也沒辦法做太多的警戒。若要依照前面長官的要求，再拆兩組，分別檢查，那就更不可能顧慮到安全了。

慶幸沒有成為統計數字中的一個

「如果有人衝撞警方，請同仁大膽使用警械。」當長官這麼對外宣示時，問題是，我們怎麼知道他是想要衝撞我們，還是又一個沒看路的駕駛呢？

在以前還要拿步槍臨檢時，有一次我背著步槍，站在最後頭警戒。一輛貨車開得頗快，無視在我二十公尺前攔車的同事，直直朝我開了過來。

我後面是警車，右邊是安全島。以它切入的角度，我沒有時間與空間閃避。我下意識地拉槍機拉柄，將槍端起瞄準，但車子仍朝我前進。

該扣扳機嗎？如果貨車不煞車，大概三秒後就會把我撞飛了吧。扣掉反應時間，我只有一秒的時間做決定。只是就算開槍，我恐怕也只有一半的機會可以活命。

最後，那輛貨車在我一公尺處前停了下來。一臉抱歉的駕駛，搖下車窗說：「歹勢啦，我沒注意，沒看到你們在攔。」

我能說什麼呢？或許，我該覺得自己很幸運，沒有成為統計數字的其中一個。

只要沒有績效，長官安排更多路檢

不喜歡追逐績效的警察不喜歡臨檢，喜歡抓績效的警察更不喜歡臨檢。臨檢很難抓到績效。設一個非常醒目的臨檢站，誰都知道那裡有警察，就算沒有犯罪的民眾，也不想靠近。工作超過十年，我在臨檢站抓到的刑案，大概一隻手就可以數完了。

然而，只要沒有績效，長官的想法就是排更多的道路臨檢。比起為了防制危險，「沒績效的話，就要一直罰站」，用這樣的懲罰，逼大家抓績效？

不過另一方面，這也是一種表態。

長官安排這些勤務，是向上級釋放「我們有在想辦法抓更多績效」的訊息。雖然這個方法對於抓績效，顯然沒有太大的效益，但**表態就是最大的效益**：只要增加基層員警的勤務，就可以降低長官被究責的可能性。

儘管長官們知道這沒有用，但他們也只能這麼做。

但警察可以因為想抓績效，就設臨檢站嗎？可以因為想要懲罰下屬，就用限縮人民自由的手段嗎？

很多國家並不允許警察設置這樣的道路臨檢，最多只能針對現行發生的犯罪，為了圍捕嫌犯而用。

就算是大家以為警察權力很大的美國，有超過二十個州，立法禁止警察設置酒測站。他們認為這樣過度侵犯人權，而且警察也不應該為了績效而規劃勤務。如果是為了更多績效，**國外的研究結果也顯示，比起定點的檢查站，機動巡邏，取締犯罪的成效更好**。

然而，台灣警察還是很喜歡編排道路臨檢，甚至有愈來愈多的趨勢，彷彿沒有什麼事情是臨檢不能解決的。

臨檢的功用是妨害營業

另外一種場所臨檢，是到上級規劃的場所，登記所有人的資料，檢查每個角落。以現在來說，大都是去夜店、KTV、按摩業、網咖、旅館這些地方。

無論是酒店或KTV，喝醉的客人總是比較麻煩。他們會跟你裝瘋賣傻，或是拿警察當題材開玩笑，甚至有時候警察的回應不合他們的意，對方酒意一來，也拉不下臉，直接演變成警民衝突。

原來是要防止犯罪，結果排了臨檢，反而造成犯罪的弔詭結局。

警察怎麼決定哪些地方要被臨檢呢？

「喂，下禮拜有擴大臨檢，報兩個點上來。」

當然，絕大多數的地點都有治安風險。不過，是不是糟糕到得三天兩頭讓警察上門光顧，或許值得深思。

舉例來說，二〇一九年時，行政院長蘇貞昌宣稱：「再打架，換局長。」一時間，各局長與分局長坐立不安，紛紛排了一系列的場所臨檢。那幾天，警員去KTV的次數，可能比回家還多。

確實很多人會在KTV酒後鬥毆，但並不是只有KTV會發生酒後鬥毆。我處理過的公共場所酒後傷害案，大多數發生在一般餐廳，甚至在超商、學校，難道我們也要在這些地方臨檢嗎？

如果依照我們的法律，還真的可以在這些地方臨檢。

目前臨檢勤務都是用警察職權行使法第6條第1項第六款：「行經指定公共場所、路段及管制站者」，雖然還有第2項限制的「以防止犯罪，或處理重大公共安全或社會秩序事件而有必要者」，但實際上，只要長官想，任何地方都可以「有必要」。

曾經有長官很坦白地說，臨檢的功用就是要妨害營業。「我們抓不到他們有違法，就每天去他們店裡臨檢，讓客人覺得掃興。到時候沒人想去消費，讓他們關一關，我們也省事。」

幫其他局處做事的「臨檢紀錄表」

不過，有些臨檢甚至不是因為治安需要，而是為了別的用途。公共場所有沒有人抽菸，警察查完之後，報給衛生局。有沒有違反營業登記，警察查完之後，報給經發局。有沒有容留青少年，警察查完之後，報給教育局。要不要斷水斷電，警察查完之後，報給工務局。

這不只是警察臨檢時順便做，有些時候，還是主管機關直接發公文來，要求警察排臨檢勤務，幫他們做事。

於是，我們的臨檢紀錄表不只寫有沒有犯罪，連有沒有消防安檢、供應什麼食物、有沒有安全執照都要寫清楚。

這樣的檢查肯定是有爭議的，不過都被包裝在警察勤務的名義下——出問題的話，也都是警察執法不當。

「為什麼我要給你們看證件？」外國男子不斷地說……

有一天晚上，我們一如往常去網咖臨檢。當我正在櫃檯寫紀錄表時，聽到裡面講話的聲音愈來愈大。我與所長往聲音的方向走去，見到一個外國男子講話非常激動，而他身旁的兩名警察只是傻傻站著，大概沒想到會遇到這樣的事吧。

「為什麼我要給你們看證件？」外國男子一直重複：「我沒有犯法，為什麼警察可以查我的身分？」

幸好他講話雖然大聲了點，但沒有想要發生衝突的意思。從他的表情看得出來，他也不是刻意要為難警察，而是真心認為「警察可以在網咖隨意盤查客人」這件事很荒謬。

我們嘗試向他解釋，只要是被分局長指定的場所，警察就可以盤查身分。

「就因為我在這一間網咖？」

「對。」

「我有犯法？」

「沒有。」

「這間網咖有人犯法？」

「……沒有。」

「而你們警察可以隨便指定一個地方，那裡的人就要讓你們查身分？」

「……法律是這麼規定。」

「……」

令人尷尬的沉默。

所長看起來好像快受不了了。可能怕引起爭端，所長慢慢地往後退，低聲講著：「算了、算了。」似乎是要我們放棄檢查。

然而，我也有所顧慮，因為我們已經檢查完其他人，現在已引起大家注意，如果只有這個外國人可以不被警方盤查，肯定會被別人覺得有差別待遇。他真要不配合，恐怕也沒辦法像所長希望的算了。

男子的眉頭皺了一下，用極為緩慢的速度掏出一張國際駕照。他的眼神充滿了猶疑。「我還是覺得這很奇怪。」在我們把證件還他時，他依然這麼說。

其實，我滿想附和他的。

台灣的法律就是這麼奇怪。我們一方面標榜人權立國，但一方面，我們又是先進國家中，極少數可以讓警察在沒有任何事實依據的情況下，就任意檢查營業場所的國家。

不過，只要立法者與政府高層不尷尬，就只有在第一線面對民眾的基層警察會尷尬了。

無「法」的執法者——沒有績效，不准休假

「倫宇，你這個月沒有績效。」

主管把我叫進他的辦公室，把我附上訂票記錄的休假請示單放在桌上，用溫和但堅定的語氣跟我說。

雖然他臉上掛著微笑，眼中卻沒有一絲笑意。

在二〇一九年以前，依據「行政院與所屬中央及地方各機關公務人員休假改進措施」，公務人員每年應強制休假至少十四天。一方面是避免公務人員過勞，另一方面也是為了節省加班費開支。

雖然是強制休假，但也不是你請假，上級就非准不可，終究還是要看主管臉色。

無論是補休或休假，都要拿出績效

在剛任職的那幾年，我幾乎沒把強制休假休完過。

我因為勤務停休而累積的補休，甚至比強制休假日數都還要多。奇怪的是，明明是為了公務犧牲的休息時間，也都白紙黑字寫在勤務表上，但只要單位主管換人，就都像不存在了。

那些自我付出的補休、為單位奉獻所得到的榮譽假，都是僅供參考而已。

那些補休你還要自己記得，因為他們不會幫你記錄，你忘了，就沒有了。反倒你提出來時，他們會去翻勤務表，確認真的有欠你那天假。

我們也不知道怎麼爭取權利，只好趕著把休假請完。然而，要能順利請到假，無論是補休或休假，你都要拿出績效。告訴主管你工作有多認真，應該讓你放個假休息一下。

請假，先填「休假請示單」

「絕對不會有因為績效未達標，就不給同仁放假這種事！」當有類似的事件時，警察局的長官都會在媒體前再三強調，不會發生用績效控管休假這種事。

每次我看到這種新聞，都只能苦笑。

我手上那張長官自製的「休假請示單」，意味著你在人事系統填寫休假單之前，得先請示上級「你可以操作人事系統」，讓他們能在審核你的請假之前，先審核你有沒有請假的資格，確保他們不會看到「不能准的假單」。

那一張「休假請示單」，中間有一格欄位：「本月交通與刑案績效」。你可以空白，而主管也會在他的簽名處上空白。

而所謂的績效，也不是開個違規停車，或破個民眾告訴案件就可以了，那樣還不夠有誠意，起碼也要抓個通緝，才有資格寫在上面給主管看，雖然那也不保證讓你請得到假。每一次請假，都要先填寫那一張在法規裡，並不存在的「休假請示單」，並在後面釘上刑案移送書與交通違規舉發單。就算是國家欠你的補休，也是如此。

請假是員警的權利，准假是長官的權力

為什麼可以因為績效未達標準，而不准請假？每個人都有同樣的疑問，但也沒人敢問。在「公務人員請假規則」裡，只有當休假人數過多時，應依年資長短、考績等第或職務性質，酌定順序，輪流休假，但也只是要分先後順序，並沒有說績效未達目標，不准休假。畢竟光是績效目標的設定，就是個大問題了。

但既然連強制休假的十四天都不給了，當然也不會遵守請假規則。

當長官一直要求基層員警遵守法令、遵從上級指示，他們自己卻做不到，這真是令人悲傷。「請假是你們的權利，准假是我的權力。」主管在開會時，將他覺得不合格的「休假請示單」放在桌上，驕傲地向我們宣布。

不過，長官還是有仁慈的一面，要請婚、喪假，他們還是會允許。另外就是出國，可能考慮到出國必須及早準備交通及住宿，大部分還跟著家人一起出遊，是警察難得的天倫之樂，而且取消還要付手續費。如果連這還要不准，真的就讓人太難過了。也因此那幾年我經常出國，僅因為這是我少數能放到假的理由。但我還是覺得很幸福，居然能夠放到假，必須好好感謝長官們的恩准。

我們要的不多，就算只是得到我們應得的，對我們也已經是不容易的恩惠。

像被裝進棺材裡一樣，難以呼吸

但有一次，主管把我叫進他的辦公室，將我附上訂票紀錄的「休假請示單」放在桌上，用溫和但堅定的語氣對我說：「倫宇，你這個月沒有績效。」

雖然他的臉上掛著微笑，但眼中卻沒有一絲笑意。

僅僅只有我們兩個人在偌大的主管辦公室，我卻像被裝進棺材裡一樣，感覺難以呼吸。

一定是搞錯了什麼吧?怎麼會跟我說這個?

「可是主管……我這個是要出國的……我跟家人要去,也已經訂好——」

「等你有績效,再來找我。」

我面如死灰地走出辦公室,距離飛機起飛還剩下一個禮拜,我得把績效拿出來,可是績效是想拿就拿得出來的嗎?也許我趕快跟家人講好,把票退一退,至少損失不會太大……

我感覺主管的手就掐在我的脖子上。每過一天,就掐得愈緊。

幸好,可能我平常做人不算太差。同事在那禮拜遇到了線,就與他商量一下,把它讓給我。

在登機的三天前,主管蓋了章,我終於可以順利出境了。

可是好不容易搭上飛機、踏上未知的國度,我卻一點也興奮不起來。

總覺得在我心中,那僅存的安心感、相信自己還會有那微小而確切的幸福、對於這個體制的信賴,逐漸瓦解了。

熟悉的世界在崩潰

過了一段時間,我調到新單位。想當然耳,還有許多沒有休到的強制休假,但我也不在乎了,那是我未曾擁有過,也不能奢望的東西,只是寫在法規上面,猶如畫中的美食一般。

但十一月下旬，排勤務的學長把我叫過去，他很嚴肅地對我說：「倫宇，你怎麼還剩那麼多假？」

「沒請完，不是很正常的嗎？」

「哪裡正常？沒請完，大家會很困擾啊？你會害我們被人事室檢討。那是你應該要休完的假。」

我第一次聽到沒請假會有上級追究這種事。

「……可是，我沒有績效。」我感覺很惶恐，像是要謝罪般，顫抖地開口。

「為什麼要那種東西？」學長露出非常困惑的表情，像是聽到奇聞異事一樣。「績效跟請假有什麼關係？休假是你應得的權利。你有上班，就該有啊。」

熟悉的世界正在崩潰，我感覺自己快要站不穩了。

學長簡單的幾句話，就把我長久以來所知曉的一切通通給摧毀。過去那些天條一般的規則、以前那些長官冠冕堂皇的話語，如今就像薄如面紙的謊言，輕易被戳破。

學長把休假登記簿拿出來，要我趕快挑幾天寫。

「請假不是要先請示主管？不是要先等主管在上面核章，才能寫假單？」

「哪有這種規定？你就直接到系統上面寫假單。主管要不要核，是他的事。」

我們活在謊言之中

那一晚，我輾轉難眠。

終於獲得了我過往不曾想像，但對這裡的員警來說只是理所當然的休假，我卻沒有任何喜悅的心情。直到休假的那幾天，我也提不起勁出門。

回想起我那幾年的警察生涯，彷彿像一場騙局、一則笑話。我與以前單位的弟兄姊妹所信奉的「為警奉獻」、「共體時艱」，在這裡的同事看來是多麼可笑。

我們被剝削，但我們沒有感覺。我們被壓榨，但我們覺得是榮譽。一樣是基層員警，過了一條河，卻大不相同。

在我得到應有的休假時，還有許多人庸庸碌碌，為了謊言與被苛刻的待遇付出血淚，甚至為此犧牲生命。

回想起來，還真是滿可笑的。許多警察嘲笑被詐騙的人，覺得他們怎麼那麼笨，會相信那一些騙術，結果自己可能被上級騙了一輩子，還沾沾自喜。

那些民眾至少還是為了賺取更多利益而上當。基層員警努力爭取績效，讓這些長官踩著我們往上爬，他們把本該屬於我們的權利扣著當賞賜，說著空話，讓我們覺得滿足。我們活在謊言之中，但就這樣接受一切。我為那些尚在原單位的同事感到不值，或許也是為我那幾年的警察生涯感到羞恥。

如果警察內部充滿著不公平，對制度的相信卻是謊言，那麼要如何對外說，我們是公正的執法者？明明連讓自己人得到公平正義都做不到，又如何說自己是在「維護正義」呢？

就算已離開多年，我依然會想起那幾年的生活。耗盡了青春與熱情，換來的只有謊言與敷衍。

我由衷希望，我們會是最後一代受害者。

扭曲的績效

只用是否達成績效來衡量員警表現，造成警察「只要有績效，做什麼都可以」的風氣。

「績效至上之惡習中，警員高層又當如何引導其發揮清流正向之力量？難道任由基層員警只能被迫向扭曲之績效制度屈膝投降，只能讓新進人員有樣學樣、仿效『長官紅人』辦案找績效以致快速同流合汙？張晉維、周聖倫、黃民欣身處前述扭曲的績效制度、紅人文化及不當學長、學弟制度，犯下本案，不無可原諒之處。」——台灣基隆地方法院一一〇年度金訴字第78號貪污治罪條例等案件新聞稿。

無人能理解的警察績效目標

「你們警察的績效管理邏輯真的很奇怪。」在我說明警察績效制度的現況後，績效管理專題的授課老師這麼對我說。

除了專長是研究績效管理的政治大學教授外，在座的還有在廉政署、市議會任職的同學，但沒有人理解為什麼警察會有這種績效制度。

「警察績效目標是怎麼來的？」「為什麼派出所需要為新聞稿件數負責？」「如果已經有專門負責經營媒體的公關室，為什麼派出所還要做這件事？」「為什麼會把這個訂為績效目標？這與你們維持治安的功能有關嗎？」「你們這個基準值又是怎麼決定的？」

唉，這也不能怪他們。畢竟我當警察超過十年，也還是無法理解。

拿這些問題詢問主管、偵查隊與交通組承辦人時，沒人可以回答我，甚至連「為什麼目標值是五十件」也不知道是為什麼。

警察績效標準值的擬定一直都很簡單：單位人數的倍數、前三年的平均……但為什麼要用這個數字當標準、這樣訂有什麼成效，大家也說不清楚，好像只要績效數字愈高，所有的社會問題都可以迎刃而解。

這些預設的績效目標，就好像在說：「我預計今年會有一百二十人酒駕。」「去年我們轄區有八十個竊嫌，所以今年也會有這麼多竊嫌。」「今年交通事故只能有十個人死亡。」

警察的績效制度，仔細想一想就會發現有各種荒謬之處。

長官一再強調：「絕對沒有績效壓力。」

每一次，當警察執法出現問題時，外界總是會質疑警察有績效壓力，而長官也總會在鏡頭前強調：「絕對沒有績效壓力。」然而每次要回應治安好不好，長官也是舉出各種績效數字，「逮捕多少犯罪」、「查獲多少贓款」、「舉發多少違規」……能拿出來說的，還是這些數字。

也因此，警察只能以績效作為工作目標。

每一個員警，每月刑事配分五分，線上查獲通緝犯兩分、竊盜犯五分……交通分數二十分，逆向一分、闖紅燈四分……不過，這些分數只是基本配額，重要的專案項目件數則是另外算。

每一次的模範警察頒獎，都是刑事績效卓越的同仁，長官也會要大家努力效仿，長官會說：「多攔查，就有機會。」

所長更是明確地告訴大家，今年的考績就是照刑事積分來排：「這樣最公平。」

只要有績效，做什麼都可以?!

然而，績效管理最開始就不是為了評量個人的能力而設，而是為了衡量機關效能與政策成果。無論經濟學者、管理學者都一再強調，不能依賴績效指標，否則會造成更多行政失衡。

只用是否達成績效來衡量員警表現，也造成警察「只要有績效，做什麼都可以」的風氣。

文書能力糟糕、不懂辦案程序沒有關係，只要會帶嫌疑人回來就好。

雖然三天兩頭與民眾起衝突、被檢舉，但因為他是全派出所交通告發最多的員警，分局也不會說什麼。

每天遲到、擅自更改勤務表、遇到民眾報案推三阻四，但因為他是專案，主管會睜隻眼、閉隻眼。

到了年底，這些人都會是考核甲等的績優模範警員。

我們的考績制度只為績效服務，因此沒辦法選出有專業知識、有統御力的幹部。**當這些人未來成為主管，也只會用這樣的標準去要求部屬，讓所有的員警繼續被這些數字控制著。**

兩周內開十張單?!

某一年的十月，警察局長調任後，偵查隊毒品承辦人寄了封電子郵件給各派出所。

「上半年署評成績發布，本市成績不佳，新局長極為重視本項評比，故將各單位基準值提高三倍。」

績效標準就是這樣浮動。它完全不需要科學根據，也不需要專業分析，長官想幾件就幾件，要加碼就加碼。也因為這樣，我們有許多的專案績效都是臨時冒出來的。

二〇一一年，孫穗芬女士因在後座未繫安全帶發生車禍身亡。當年四月立即修法增訂罰則，上級也交代我們要在兩周內開十張單。

有一次《聯合報》專題報導某直轄市的道路工程影響行人使用，上級馬上要求未來每周要取締一定數額的行人違規。

許多行政學專家都強調，短期專案績效不具意義，不但無法解決根本問題，甚至會發生資料造假、執行偏廢等負面效果。然而，政府還是致力於發明各種專案，「祥安」、「安居」、「順風」、「安程」……讓警察忙於各種數字統計。

在交通運輸管理學中，影響交通安全的三個重點是「教育」、「工程」、「執法」。藉由教育，宣導人民正確的駕駛觀念。利用完善的工程，引導人民使用道路，並有科學化的管理，控制交通總量與分流，最後才是以執法排除即時的交通問題。然而，政府只重視最末端的執法，只想用開多少罰單，說明交通有改善。

國外許多的犯罪學研究，指出犯罪問題來自於經濟、教育等環境因素，如果只想著用警察逮捕罪犯，不一定能改善整體社會的安全，反而會惡化警民關係，或加劇社區動盪與人民對政府的不信任感。

但政府依然只想把嫌犯放在媒體鏡頭前，繼續迷信這些以各種取巧方法堆砌出來的績效數字。

為了滿足績效，警察有很多變通方法

為了滿足績效的要求，警察有很多變通的方法。

明明是循線偵破的案件，卻假裝是在街上攔查的，因為這樣才能算線上查獲績效。或是雖然已經掌握到對象與證據了，但專案期間還沒到，就先不去管它。

有一次同事在外面查贓時，很興奮地打電話回來說：「我在〇〇街找到贓車了。」所內的老學長聽了後，便說：「叫他先不要急。打一下旁邊的，八成也是贓車。」我們幾個菜鴿一頭霧水，但同事照著做，還真的也是贓車，且不只旁邊那一輛，那裡一排停的，好幾輛都是贓車。

「那些是隔壁所發現的啦！因為贓車規定發現要馬上通知車主來認領，但這樣要怎麼應付之後的專案績效？又不能放在派出所，不然會被督導看到，所以就先挑一個地方放了。」老學長向我們解釋。

走上末路的員警

為了降低某一些列管刑案的發生率，主管在知道案件發生後，都會來跟受理的同事「討論」一下。

「你那個案件，可以不要開詐欺嗎？開個妨害電腦使用之類。」

「那一件竊盜，跟報案人溝通看看，弄個侵占還是什麼的。反正受理完，我們都會偵查啊？只是案由不一樣而已。」

其實主管也沒有說錯，我們不管受理什麼案由，都還是會繼續偵辦。只是因為「不能讓某些案件發生」，讓大家都有壓力。

我遇過的主管算是好的，都只是嘴巴上講一講，不會真的為難大家。但我同學就沒那麼幸運了，他沒按照單位主管的意思，還是開了竊盜案。他的主管就堅持不在卷宗上蓋章，要求他：「敢受理，就要有本事給我破了。」

主管如果不蓋章，案件就不能送到分局，到最後會被追究公文逾期。如果督導官狠一點，就說你是匿報刑案，然而，那個案件沒辦法繼續辦下去，周圍也沒有可以調查的線索……許多警察走不出這個坎，最後就會走上末路。

彷若保險業務員衝業績

「平鎮分局前副分局長亦稱，這種績效壓力就像目標管理的方式，自內政部警政署一路要求下來，今年查了1件，可能明年就要查到2件這樣的方式等語……無論內政部警政署就短期專案如何修正或改革，只要為了管核考評，一定會產生比較的壓力，而這些壓力從內政部警政署層層要求下來，壓力必然轉置於基層員警上。」——基層員警專案績效壓力大　栽槍養案各類違規問題多　監察院糾正內政部警政署及桃園市政府警察局。

政治大學蘇偉業教授曾經研究警察績效問題，並直言：「台灣的警察就跟保險業務員衝業績一樣。」

以我的實際體驗來看，這一句評語還滿中肯的。

但一般企業員工的營業績效，是為了使公司獲利，那警察的績效是為了誰的利益而存在呢？

為了迎合扭曲的績效，導致我們所謂的「犯罪熱點」、「治安情資」充斥著各種假資料，而接著用這些不合於現實的數據來研究，這真的能增進社會福祉嗎？

輯三

員警業務，超乎想像的包山包海

包山包海的業務

「這個彈簧，怎麼會是歪的？這個要處分！」

新來的組長這麼一說，我與學弟面面相覷。

因為擊針簧本來就是會歪的。

派出所的警員不只是照勤務表輪班而已，還有相當多的業務會分配給我們。

我到派出所後，第一個接的業務是武器管理。連同幹部在內，只有三十五個人，但卻有四十幾把手槍、十幾把步槍、總數超過三千發的子彈，以及幾把用不到的步槍、刺刀，加上那一間械彈室，都是我要負責的業務。

然而，我卻完全不知道自己該做什麼。

我對手槍的認識就只有警校的射擊課，只知道努力地讓那一張靶紙滿分，因此我也僅知道最基本的槍管清潔，槍枝零件叫什麼名字、故障是什麼原理、要怎麼保養扳機簧片，我一概不知道，學長們也不懂，因為他們都是經歷與我一樣的學校教育。至於步槍，我們在警校根本沒有摸到的機會，大部分的員警可能連怎麼裝子彈都不會。但就在幾乎一無所知的情況下，我必須負責做好一切，讓派出所的裝備可以通過半年後的警察局業務檢查。

「你有準備海鹽紅茶嗎？」

無論是哪一種業務檢查，對派出所而言，都是一場災難。

每一次的業務檢查，我都得把所有的裝備從械彈室運到派出所樓上的會議室，所有的車輛也得安排到一處民間停車場。你得把所有受檢的東西擺得整整齊齊，等著分局、警察局的長官過來檢查。

但光要移動這些裝備，就是一件大工程。如果安排早上十點受檢，我大概得提早從六點開始準備，所有上班的同事也都得幫忙，還要安排一些同事擔任陪檢人員，負責伺候長官們，記錄他們所提的每一項缺失。

在這一段時間裡，派出所上班的員警可能有近十位，但只有兩位員警有辦法回應案件。

在其他員警一起努力擺完裝備後，我們都到門口排排站，準備迎接長官大駕光臨。

桌子上已經擺了兩盤切好的水果，還有咖啡，這些當然都記在我們自己的帳上。

當我覺得一切都搞定時，主管卻神色緊張地湊過來。

「你有準備海鹽紅茶嗎？」

「……什麼？」

「聽說股長喜歡喝那個。你快去準備。」

等我把重要的海鹽紅茶買回來時，裝備檢查已經要開始了。警察局的長官們一派神氣地走入，我們紛紛低頭，不敢直視。他們直接就定位，一一指出各種問題。

「你這個拉柄是T65的，不是M16的。」

咦？我接的時候就是這樣子，為什麼以前檢查都沒有說出這一點？

「你的武器資料卡呢？」

分局並沒提到要準備啊？我也從不知道有這種文件。

「你這個背帶顏色不對。」

「紙本資料沒有印出來嗎？我要看紙本啊！電腦資料怎麼能感覺得到你們的用心？」

「這咖啡有糖啊？」

……

分數早在檢查前就打好

我有些灰心喪志。

為了這一次的裝檢，我已經兩個禮拜沒有休假，甚至在檢查的前兩天完全沒睡，不斷在清理裝備。結果每個人都臭著臉看我，一副全是我的責任，要我給大家交代的模樣。

等到結束後，我還得把那些東西一一搬回械彈室。老學長一邊幫我收拾，一邊說：「別在意，他們就是來修理人的，因為分局沒給他們打點好。」

「這是什麼意思？」

「業務檢查都是這樣的啦！分數在檢查開始前就打好了。只要沒有出大包，就是看你有沒有『誠意』。以前我辦戶口業務，戶口科的長官還直接指名他們檢查完要吃哪家餐廳哩！」

「……那我們這樣忙，是為了什麼？」

學長聳聳肩：「這就是那些官存在的意義。他們沒有出來修理我們，還有什麼用處？哪有什麼存在感？出來巡一趟，預算有得花，大家都得伺候他們，何樂而不為？」

雖然學長這麼說，我依然想要把業務做好，相信只要提升自己的專業，終究會被上級肯定。

所以，我努力找了一些裝備資料來研究，包括原廠保養手冊、外文影片。當有機會把裝備送去警械廠維修時，我也會直接請教警械廠的技師技術問題。

到下一次裝檢前，我們想找專業的人教大家怎麼保養，便請了幾個認識的現役軍人過來，因他們曾經在軍中的後勤單位服役，對槍枝非常熟悉。

雖然他們一邊指導，一邊吐槽警察的裝備檢查重點很奇怪，但我想這下總該沒問題了吧。

學長尷尬地說：「是要這樣保養，但是不能這樣受檢。」

「你這把槍，我一拆開就摸到油。你根本就沒擦乾淨嘛！」

新來的組長這麼一說，我與學弟面面相覷。

「還有這個彈簧，怎麼會是歪的？這個要處分！」

「……擊針簧本來就是會歪的……」學弟在我背後低聲吐槽。

「你們這些通通不合格！我下禮拜再過來看！」

「這怎麼會是不合格？這是正確的保養法啊。」

「如果沒上油，零件會磨損，會讓槍枝故障啊？」

在組長神氣地離開後，我們忿忿不平地對分局內勤抱怨。

那位學長露出尷尬的笑容，說：「是要這樣保養，但是不能這樣受檢。」

我感覺很疑惑，他接著說：「反正就是照上面要求的做，就對了。」

之後，我還是把油擦乾了。雖然理智告訴我這樣是錯誤的，但理智也告訴我這樣是正確的。喬治．歐威爾的「雙重思想」，就是這樣吧？

只是，我也開始產生了一些疑問：難道這些來「檢查」、「審核」的長官，根本不懂業務該怎麼做嗎？

以前我覺得裝備檢查有其必要，是為了可以保護同仁的執勤安全，確保同仁使用的裝備功能良好、確認車輛沒有故障。若有問題，要後續安排回廠修繕，我以為這應該是裝備檢查的重點。

然而實際上，我只看到一位又一位的長官，藉由業務檢查找麻煩。

滑套溝槽沒擦乾淨，申誡。機車沒有加滿油，申誡。防彈衣上有汙漬，申誡。

明明依「後勤業務要則」的規定，必須是保管不當致生損壞，才符合懲處標準，但長官無視這些規定，不合己意就懲處基層。

長官連槍管都裝反

然而，長官們自己又對這些業務有多瞭解呢？

某一天，一位上級督導官來督勤，提到要看我們的裝備有沒有保養。他看了幾把槍，一下子說：「這邊擦一擦，還黑黑的……」一下子又說：「這裡還油油的。」

我感到非常緊張。並不是因為他指出的缺失，而是他自己動手拆裝槍枝，但他連槍管都裝反了，還一直想要用力把它硬塞回去。

我連忙告訴他：「我們來就好。」深怕他把裝備用壞了。

後來，督導官留下一句：「我下禮拜五會再來複查。」便神氣地離去。

看一看日曆，那天我是輪休……唉。

當督導官下禮拜五再來時，我把那些被點名的裝備擺出來。

他瞄了幾眼，點點頭，很滿意地說：「對嘛！就是要照我說的！這樣就對了！」

我與同事交換了個眼色，兩人心中五味雜陳。

在督導官離去後，我們都搖頭嘆息，因為我們根本就沒做什麼。

最多就是在檢查前拆開來，確認沒什麼規定上的缺失，根本也沒做什麼補強。而這位督導官完全沒有發覺，這些裝備與他上次看到的情況一模一樣。也或許，當他在我們面前頤指氣使時，就已經完成他來的目的了吧。

業務檢查，似乎並不是為了協助同仁在勤務上更為順利，而是為了滿足長官的某些需要。

比起這些業務到底有沒有辦法協助勤務，長官似乎更在乎業務評比的排名。
我們究竟要為此浪費多少人生呢？
「趕快收一收吧，難得的輪休還要來派出所，我要回去補眠了。」

還想破壞多少裝備？

過了幾年，我也卸下這個業務，取而代之的是，我多了更多的業務。
民防組的列管刀械槍枝，我們得去複查民眾的器械與證件。保防組要求調查社會輿論，我們得把報告生出來。防治組想辦治安座談會，場地、禮品、宣傳單、邀請函，我們要想辦法搞定。祕書室要發好人好事新聞稿，我們得把文案寫好，最好還附上照片。各種獎金、津貼，我們要自己先算好，再報給人事室。
當有裝檢時，我還是得去幫忙，但終於不用再扛責任了，正當我鬆一口氣時，一個來裝檢的年輕長官卻叫住了我。
「你們的槍管，要用鋼刷刷啊。」
他講得一臉認真，我聽得一臉無奈。
就算沒有另外培養自己在裝備上的知識，只在學校上完射擊課，也會知道鋼刷會把膛線刮壞吧？

這些根本不具專業的幕僚，究竟還想要破壞多少裝備？

員警包山包海的業務

派出所裡有許多的業務要警員執行，包括寄存司法文書的保存、單位經費財產的管理、犯罪預防宣導、保防調查、義警民防指導與交際、新聞輿情掌握與新聞稿發布、金融機構及超商安全檢測、後備動員召集等等，若要一一列舉，可是數之不盡。在一些人力充足的單位，或許可以有專人處理這些業務，讓其他同仁專責勤務輪值，但大多數單位還是得把這些業務分給所有的員警。

勤務表上，你已經被排滿整天的勤務，就算是在所內值班、備勤，也有數不盡的案件卷宗與上級交辦公文要處理，因此許多員警只好利用下班時間做業務。

雖然在理想的組織規劃中，派出所僅是一個「勤務執行機構」，法規也是這樣設計，例如〈臺北市政府警察局各分局組織規程〉第四條是「分局設警備隊，執行警察勤務，並得設派出所，依轄區劃分警察勤務區，執行勤務……」分局編制有行政組、防治組、民防組、交通組等專責業務單位。

而派出所警員應該要有的專業在於如何有效率地執行勤務，熟悉各種現場需要的知識，即時排除各種危害。

面對複雜的社會百態，又有各種高風險的突發狀況，派出所警員需要的是解決現場問題的專業技術。

每個人的時間都是固定的，不可能所有人都樣樣精通。**讓派出所警員研讀動保法規、食品條例，自然就會壓縮到警員學習勤務戰技或危機處理的時間。**

被呼來喚去，不斷跑腿

在許多作業程序中，派出所也只是「受理單位」，僅負責將民眾的需求轉交業務單位，並沒有被分配到檢查或執行的工作。然而，現實卻變成派出所警員得花費許多時間在公文上，且絕大部分都是從業務單位轉嫁而來原本權限劃分上屬於他們的工作。

防治組有專責家庭暴力防治業務的承辦人，但每次他都會交辦保護令下來，由派出所警員執行，由我們去找案件當事人，對他說明保護令的內容。告誡他不要違反保護令，並且在通知書上簽名。

後來我才知道，執行保護令是有敘獎的，而這些嘉獎全記給坐在辦公室發公文的承辦人——因為名義上是他負責這個業務的。

我也是這時才聽說，有的防治組承辦人會很認分的把這些工作做好，自行約談當事人、把各種文件做好。

但有些就像上面所寫的，把各種文件直接丟給派出所去跑腿。更糟的是，只有一張交辦單下來，要派出所自己把各種文件做好，業務單位只負責收件。

當有需要時，業務單位將我們呼來喚去。

派出所得編排勤務，去路口修理監視器；得整理一個空間，去保管拾得物與文書檔案；得幫業務單位跑各種現場勘查……他們只要一張交辦單就能將責任推得一乾二淨——可是當派出所因為這些業務缺乏警力時，我們不可能得到他們的支援。

這樣的勞務分配合理嗎？

派出所猶如整個公務體系的超商

但以前並不是這樣的。

原本派出所並沒有這麼多的業務要做，民眾要請求某項權利、想要領取證書，都要到分局去找業務窗口——但後來**「便民」變成最大的藉口**，因為派出所二十四小時都有人在，對民眾方便、對長官更方便，而後又出現「派出所對轄區最熟悉」、「你們直接做，比較省事」、「我們公文很多」、「有意見，等你當官再說」等等理由，就這樣把勞務推給了基層。

派出所儼然成了整個公務體系的超商一樣，什麼都得懂、什麼都得做。警察局各科室劃分好的工作，到了最底層，只剩下派出所警員來執行。

「那麼，要這些組室幹麼？統計績效這種事，他們自己不就可以做了？」所長盯著桌上一疊的交辦單，提出大家都在想的疑問。

我無暇思考所長的提問，繼續寫明天要用的新聞稿。

如果與他們同樣受過幹部教育的所長都不知道，我更不可能知道。

或許，連他們自己也不知道了吧。

是整人大會，還是通靈大會？

「學長，我們現在是要幹麼？」巡邏中的空檔，我與同事來到里長辦公室門口。

「要去跟里長借跑馬燈，宣導反毒品標語。是偵查隊要的。」

「喔……那要寫什麼標語？」

「我也不知道。」

「咦？」

「交辦單上什麼也沒寫，只說要去找跑馬燈。」

同事把手上的交辦單給我看，上面只寫：「請找兩處跑馬燈，照相回覆，限期完成。」

……這是整人大會，還是通靈大會啊？

「各所都在群組裡問承辦人要寫什麼標語，可是承辦人只回了一張圖片。」

「借我看一下……『編制防毒專責警力、加強反毒品宣導』，但這根本不是標語，只是我們警察自己的工作重點而已吧？」

「你看看能不能想出什麼句子吧？」

終於……派出所不只要負責執行與管理，連企劃也得負責的這天來了嗎？

醉人

「他怎麼了？」主管問。

「就……酒醉路倒在〇〇路上，帶回來保護管束。」

「是有什麼績效要辦他？」

「沒有……」

主管用眼角餘光瞪著我們，開始責罵……

為了能夠妥當地處理每一個案件，我們都會努力瞭解當事人想要表達的內容，無論是語言不通的外籍人士、腔調太重的本國人士、口齒不清的老人家、懵懵懂懂的小孩子、憤怒到語無倫次的報案人、驚嚇到不知所云的被害人……我們都耐心確認他們的敘述內容，確保他們能獲得必要的協助。

然而與酒醉者比較起來，這些人都還算是能溝通的。

以下是某次去酒店臨檢時的對話。

我：「先生，您的身分證號碼？」

甲：「啊就〇九七二……」

我：「不是，我是問您身分證。」

乙：「你瞧不起我們是不是啦?!」

我：「沒有啦，我是問他的身分證號碼——」

丙：「啊他不是告訴你了！他住〇〇路〇樓……」

我：「……」

對話完全無法成立。

就算你只是問他：「身分證字號多少」、「電話多少」，有的人還是會想：「我只是喝醉，不行嗎？警察為什麼可以問我資料？這肯定是警察有問題！」或者：「警察一直聽不懂我在講什麼，肯定是在嘲笑我，我要修理他們！」這時候，場面就麻煩了。

喝醉酒的人不會管你是路人或警察，且往往下手不知輕重。

我的體格在警察中也算壯碩了，然而要控制住比我瘦小的醉漢，還是感到相當吃力。如果使用打擊技或低致命警械，對於酒醉者不但效果有限，假如周圍還有其他民眾，又會傳出「警察用腳踹人」、「警察用警棍毆打手無寸鐵的民眾」等聲音。

我遇過需要警力支援控制現場的案件，沒有幾次是因為精神病患鬧事或幫派聚集鬥毆，幾乎都是酒醉引起的，而轄區最常發生暴力犯罪的地方，也不是幫派據點，而是KTV與熱炒店。

醉人並非罪人

但更大的問題是「喝醉酒，但什麼也沒有做的人」。

例如有些人雖然喝醉了，可是他只是躺在路邊的長椅上。雖然酒醉可能會讓人失去理智，甚至攻擊別人，但只要他「還沒有犯罪」，這種醉人並非罪人，警察沒有辦法逮捕他，而目前的法令也不會把酒醉視為精神異常，讓他們強制就醫。

警察職權行使法第19條：「瘋狂或酒醉得為管束」，然而，後面的但書是「非管束不能救護其生命、身體之危險」。如果他只是單純喝醉酒不省人事，你很難說會有即時的危險。

「喂！醒醒啊！你叫什麼名字啊？」

學長搖了搖躺在長椅上的男子，但他只是眉頭皺一下，咕噥道：「我沒事……」

「不是問你有沒有事啊。而且你很有事！不要躺在這裡！」

「這個……該怎麼處理啊？」救護人員搔搔頭，看著我們。

「你們把他送去醫院？」學長問。

「不行啦！他沒有受傷，醫院不會收啊。不然，學長你們把他帶走？」

「他這樣也不能管束啊，我要怎麼把他強制帶走？要帶去哪裡？」

救護人員加上員警，我們在現場面面相覷，想不出任何方法。

他身上沒帶任何證件，也沒有任何的聯絡方式，無論怎麼叫他，他都沒有反應。眼看沒有什麼立即的危險，也沒有違反什麼法律，救護人員也說他身體很正常。那麼，就先讓他在這邊休息，沒關係吧——

「六洞夭學長，民眾說剛剛那一件路倒，你們到場，沒有處理，說要檢舉你們。麻煩你們再到現場……」

該怎麼辦呢？

就算要用管束的名義將醉漢帶走，但通常分局的拘留室不會收容這種管束對象，所以我們只能將他放在派出所的候訊室。

但候訊室畢竟還是辦公空間，比不上拘留室安全。

如果他的動作大了點，可能就會砸爛我們的電腦，所以我們得好好盯著，直到他清醒為止。

醉漢留在候訊室的「禮物」

主管下樓時，看到醉癱在候訊室裡的當事人，他露出明顯不悅的表情。

「他怎麼了？」主管問。

「就……酒醉路倒在〇〇路上，帶回來保護管束。」

「是有什麼績效要辦他？」

「沒有……」

主管用眼角餘光瞪著我們。「以後這種事盡量不要帶回來。沒績效就算了，我們還得派人看著他，又不能把他關在拘留所，不是給自己找麻煩嗎？像之前某派出所把酒醉者帶回去管束，結果大家勤務忙得要死，沒注意到人沒呼吸了。還有另一個派出所，讓酒醉者上廁所，結果酒醉者撞到頭死了，要賠錢又要被法辦，你該怎麼辦？大家整晚都耗在這邊，還要被長官說都在所裡摸魚……」

主管的嘴巴唸個不停。

其實，主管講的都對。

警察常因為管束的問題上新聞，然而我們也沒有其他辦法。

隔天一早，酒醉者醒來後，依舊恍恍惚惚。他大聲質問自己為什麼被銬在派出所，但又什麼都想不起來。

我們讓他簽個文件，趕緊讓他回去，因為我們還等著清理候訊室。

許多被管束者會將候訊室弄得一團糟，如果只是發酒瘋、弄亂物品還好，有的會因為酒醉尿失禁，或是吐在椅子、地板上，那可真叫人頭皮發麻。

「噁……這傢伙還挫賽在椅子上。」學弟皺起眉頭，用哀怨的眼神看著我。

我只好聳聳肩，慶幸自己在這組晚班中不是最菜的，不需要去清理。

類似這樣的酒醉管束問題，給警察帶來很多的負擔。如果真的是瘋狂者，要管束他，得花不少工夫。但只是泥醉在路邊，要用管束這種拘禁手段又很難說得通。無論是哪一種，都會增加警察的工作量與安全風險。

在其他許多國家，酒醉者被警察管束，還需要支付管理費。然而，長久以來酒醉管束被批評為不人道。在一些較為先進的國家，例如英國、瑞士，則是將這樣的業務獨立於警察之外，成立「清醒中心」。他們聘用看護與保全，在醫療人員的監督下，觀護這些酒醉者。

終歸來說，飲酒過量是一種健康問題，甚至德國法院還曾經判決宿醉是一種病症。就算只是失去意識，也有可能是酒精中毒的症狀之一，因此依然被視為醫療衛生的業務範圍。

在不影響醫療資源的前提下，建立一個收容機構，可以安全地保護這些酒醉者，這樣既能有效利用行政資源，也能讓警察能更專注在其他公共安全問題上，或許才真正符合社會的需要。

一一〇

在台灣人民心中，一一〇是無所不能的許願機吧？

小時候，大人會說：「遇到危險，要打一一〇。」所以我從未撥過一一〇。等我當警察後，才發現這個社會其實是「有問題，就打一一〇」。

二〇二〇年，台北市一一〇報案電話的受理件數，總共有九十九萬五千零三十八件。與二〇一〇年相比，成長超過兩倍，等於每天都會有兩千七百一十九通的報案電話。在市區的派出所，員警兩小時的巡邏，少說都會跑七、八個現場。除了趕往現場的時間壓力外，還有面對未知現場的恐懼感，對員警來說是不小的負擔。

所以如果到現場後，發現不是重大案件，大多數員警的內心都會鬆一口氣，——只要那些案件不會太無厘頭。

「民眾報案：公園裡蟲叫聲太吵。」我沒辦法與蟲溝通啊。

「民眾報案：沒帶鑰匙。」他可能是要打鎖匠的電話，卻撥錯了吧？

「民眾報案：東西太多，希望警察來幫忙搬上樓，註：不要派女警。」居然還有指名服務？

「民眾報案：小孩子一直玩手機不吃飯。」原來警察還要幫忙教小孩啊……

「民眾報案：野貓卡在樹上，不下來。」等等，貓會爬樹很正常吧？

「民眾報案：有人在二十三公里外使用輻射精準攻擊胃部，害他一直拉肚子。」找醫生啊！

「民眾報案：家裡有鬼。」這個可能要找廟公。

「民眾報案：很久沒吃飯了，請警察幫忙買便當。」我也沒得吃啊……

同事還接過報案要借筆、搭便車、看到飛碟……什麼報案都不奇怪，反正出了問題，就找警察解決。

民眾「病急亂報警」？

有些民眾確實需要幫助，但警察沒辦法幫助他。

我們常碰到報案租屋問題，例如房東沒有按租約提供家具、房客沒有繳房租、樓上水管漏水侵蝕到樓下……但**這大部分都屬於民事案件，警方沒有立場介入**。

有些案件則是其他機關的權責，例如公寓年久失修、防火巷停車、社區噪音，是主管建築機關的權責。而流浪動物、動物救援，地方政府的動物保護處有專人處理。至於消費糾紛，各縣市設有消費者保護中心。

可是，這些案件到了一一〇，他們還是會要求警員到現場查看。

我們到現場卻無能為力，民眾就會感到失望。民眾會覺得「為什麼我報警，警察也來了，卻沒有辦法解決問題呢？」久而久之，民眾就會對警察與政府更不信任。

我總納悶，為什麼一一〇話務人員沒有辦法提供正確的資訊給民眾呢？

如果他們在第一時間就把民眾引導到正確的管道，是不是反而能幫助民眾解決問題，提升他們對警察的好感？

不過，民眾遇到這些事會打電話報警，實在也不能說是民眾的問題。畢竟警察高層一直在強調「為民服務」，那也不能怪民眾「病急亂報警」。但是，警察自己難道不清楚自己該做什麼嗎？

我國警察法學權威、前大法官李震山曾在著作中指出，**急迫危害、防止具不可延遲性、且必須經常使用強制力的案件，適合由警察優先處置**。其餘案件，宜由一般行政機關負責。除了避免警察業務冗雜，也能提供民眾專業、有效的服務。

警政署的「一一〇受理報案派遣警力原則」中，也要求一一〇派遣警力，應該要考量案件的急迫性、危害性、必要性及現有警力等要素。

然而，前面提的那些案件，民眾打一一〇報案，由警察局勤務指揮中心登錄，再經分局勤務指揮中心轉發給派出所。中間經手這麼多人，都沒人覺得「這不是警察該處理的案件」？執勤官也沒有審核嗎？

一一〇話務人員的無奈

為了瞭解案件派遣的問題，我請教一些勤務指揮中心的執勤員。

「我也沒辦法啊。案件依規定分類，長官又不會挺你。

「長官一直在媒體前說警察很萬能，所以只要我跟民眾講道理，民眾就覺得我在推諉，就算跟民眾講要找主管機關了，他還是會投訴我。

「若被投訴，長官會調查，我還要花時間調自己的錄音檔。但就算站得住腳，一次、兩次……長官也會覺得我就是在找他麻煩。為什麼其他人都不會被投訴，就我一直給他增加工作？

「其他同事也會覺得你特立獨行，幹麼不趕快接一接，把案件丟到派出所？

「說實話，勤務中心真的單純很多。少了雜七雜八的業務，長官也不太會管你。但如果我被盯，到時候他把我調到別的單位呢？你說你是依規定處理，但長官就不想要依規定處理啊！如果是你呢？

「我也希望自己不要成為大家口中只會接電話的廢物，但大家都這麼做，我不這麼做，只會讓自己難過……」

談到這裡，大家都說不出話來了。這究竟是哪裡出了問題呢？

其他政府機關也頻頻打一一〇

我不只碰過民眾打一一〇，有時候其他政府機關也會報警打一一〇。

例如環保局要開罰亂丟垃圾，他們會要求警察到場查詢民眾個人資料，給他們開單，這在法律上恐怕有些爭議。然而，有些是民眾向該機關陳情案件，居然還能把案件轉過來要求警員去處理，彷彿警察是他們的下屬一樣。

反映道路標誌歪了，交通局要警察去現場確認。有人在公共場所抽菸，衛生局要警察去現場查看。疑似有違規營業，經發局要警察去查證。

這些已經夠奇怪了，更詭異的是，我還遇過調查局打一一〇報案，要求警察到現場幫他們破門。

在台灣人民心中，一一〇彷彿是無所不能的許願機。

然而，一一〇是警察緊急服務專線，是為了回應緊急案件而設。如果警察花費大量心力在非緊急案件上，將會排擠真正需要警察急救的人。

在美國，因非緊急案件，撥打九一一緊急電話號碼是犯罪。以維吉尼亞州為例，濫用緊急服務系統為該州一級輕罪，將被處以最多十二個月的有期徒刑、最高兩千五百美元的罰鍰。二〇二〇年更有議員提案，要將根據種族偏見濫用報案，提升為仇恨犯罪。

一名喬治亞州的男子在麥當勞買晚餐時，發現店員少給他一個漢堡，於是他打電話報警。最後他被警察逮捕，在監獄待了一天才被釋放。

一名印第安納州的男子連撥四通報案電話，對警察抱怨他的親人，最後被法官判處六個月徒刑。

如果九一一執勤員接到非緊急案件，例如噪音、違規停車、無人傷亡車禍、無現行犯的輕罪，他們並不會派遣員警到現場。他們嚴格遵守警力調度的原則，也尊重民主自治的精神。

我們所希冀的警察尊嚴

我們總認為國外的警察很專業，他們的工作有尊嚴……但**尊嚴不正是從這些小事累積起來的嗎？清楚自己的職責，專心處理自己分內的工作，做出最好的品質，這就是專業，也會誕生相應的職業尊嚴**。

如果警察不把心力耗費在這些無效案件上，執勤員有專業的派遣警察警力，而長官也能對這些不當濫用社會資源的要求嚴正拒絕，那麼我們不就能成為我們想要的樣子了？

輪班

我們把一切都奉獻給這份工作。
有的同事母親病危了，直到離開的那一天，他都沒辦法回老家一趟。
有的同事小孩一歲了，卻完全認不出爸爸。

剛擔任警察時，排班是警界慣例的「勤十二休八」。從晚上六點上到凌晨六點，隔天從下午兩點上到半夜。每天輪班十二小時，休息八小時，過著不斷追著太陽升起的日子。
有人會說：「你們還有八小時可以睡啊！這可是符合勤務條例喔。」
但應該沒有人能夠下班就直接睡著吧？勤務條例的規定是「每日應有八小時睡眠時間」，然而長官直接將它變成「輪班間隔為八小時」，而且只要為了排班方便，間隔沒到八小時，也是常有的事。

當警察，幾乎無法準時下班

當警察，幾乎沒有準時下班的可能。如果不幸在下班前遇到重大案件，那一天就別想睡了。我曾在半夜的最後一班勤務抓到機車竊盜。兩個國中生因為好玩，將路邊的機車撬開，我們剛好看見了。

我們先通知車主來做被害人筆錄。好不容易找到車主的聯絡方式，但車主在外縣市，得要三個小時才能過來。等終於完成被害人的筆錄，但還要等少年的家長陪同訊問，接著，案件要移送到少年法院……

等我真正簽下「退勤」的時候，已經是隔天中午十二點，可是我沒辦法休息，因為我下午四點還得繼續上班。

精打細算的勤務表

我們每天的勤務都算得剛剛好，不會因為你前一天晚下班，就延後上班。因為你空下來的班，沒人可以幫你上。

我們的勤務表都是精打細算，巡邏、值班、巡邏、備勤、交整……不會有任何的空檔。你受理的案件、承辦的業務，都得用自己的時間來做。**下班是你處理公文的時間，放假是你回辦公室辦案的時間**。

如果遇到好的主管，他可能會讓你補休，但班表上卻沒什麼可以補休的空白。你的補休愈積愈多，可是你沒有可以請休的日子。

時間一久，這些補休也隨著你的健康一起消逝。

不管你在哪裡，你都得趕回來

到最後，你會發現，上班與下班似乎並沒有太大的差別。

雖然我們有每天要服勤的工時，但基層警察是責任制。下班後，有很高的機率會留在辦公室填寫內容重複的簿冊，以及處理上班時受理的案件與上級交辦下來的公文。

當你下了班，躺在床上，也會有電話把你吵醒。

可能是你勤區內發生案件，要你回辦公室寫報告，也可能是長官發現你上班時有什麼瑕疵，非得把剛下班的你叫到面前訓一頓，或突然有臨時勤務，你得提早上班。

總之，不管你在哪裡，你都得趕回來。

無論肉體、精神，都逐漸被消磨殆盡

我計算過，我每個工作天的平均睡眠是五小時，而我統計周遭警察朋友的睡眠時間，也差不多是五．五小時。於是，你僅存的睡眠時間只剩下休假，但休假時，也很常回來工作。

最後一天的上班日，我們會在晚上八點下班放假，通常我都是直接穿著制服昏倒在床上，一直睡到隔天下午三點。

就算這樣，依然無法消除身體上的疲累。這是一種無論是肉體，或是精神，都逐漸被消磨殆盡的日子。

下班就是在床上等著上班。與你相處最久的不是家人，而是同事。最大的樂趣是上班遇到什麼好笑的事。最大的幸福，是備勤時沒有新案件，可以讓你有空處理前幾天的案件——

在這種生活狀況下，你能否有精神工作？但，你也只能撐下去。

嘴巴裡無時無刻嚼著食物，以保持清醒；同事互相推薦不錯的B群、咖啡當成水喝、每五分鐘設一個鬧鐘……就這樣努力地讓自己還有意識地面對各種危險或麻煩。

雖然**才開始當警察兩個月，我卻感覺像是已把兩年的歲月壓縮在其中一樣。**

家對我們來說，很遙遠

我們把一切都奉獻給了警察這一份工作。

家對我們來說，是個很遙遠的地方。因為這樣的生活作息，我的家人不知道該在什麼時間與我聯絡。久而久之，他們也害怕與我聯絡，而我自己也發現，我愈來愈暴躁，愈來愈不想與人接觸。

有的同事母親病危了，但直到離世的那一天，同事都沒辦法回老家一趟。有的同事小孩一歲了，卻完全認不出爸爸。

坐在值班台，接到的不是民眾報案電話，而是妻子問一個禮拜不見的丈夫何時回家，而她的丈夫還在某個工寮埋伏毒品交易。

「他其實沒有上班，對吧？你不要騙我！他是不是在外面鬼混？」我沒辦法跟她解釋。

我們很常接到夫妻糾紛、親子爭吵的報案，但在我周遭，幾乎無時無刻都有同事家庭失和。

連自己都照顧不好了，還想要照顧家人，這實在是天方夜譚。然而，卻還有人說這樣的警察可以照顧人民。

騎著機車巡邏，疲累到出車禍

某一天的深夜勤，我特別想睡。我喝了三杯咖啡、吞了維生素B群、貼上薄荷片、嚼著口香糖，甚至拿警棍敲大腿、用力扯頭髮……我嘗試了各種方法，但依然無法止住睡意。雖然我知道自己的狀況很糟糕，但我得繼續上班，因為我知道沒有其他警員可以代替我。

我騎著機車巡邏，但根本無法意識到自己在做什麼，或許，連「我」是什麼都無法認知了。眼前的景象一片模糊，我失去所有的感覺與想法，像是身體漂浮在真空中，只能茫然地跟隨前面的亮光。

突然間，我聽到一聲巨響，接著感覺到身體像是裂開一般，劇烈的疼痛傳遍全身。我撞到了停在路邊的小貨車。那輛貨車幾乎沒有任何損傷，但我的警用機車倒是撞個粉碎。

至少……這次，可以讓我睡一覺了吧？

……好痛……我在哪裡……怎麼了……身上的痛楚感一直想把我拉回現實，但身體的倦怠感，卻讓我無法做出任何反應。

我沒辦法清楚意識到發生了什麼事，只聽到刺耳的警報聲。

警察很常坐救護車，陪同送醫，不過我還是第一次躺在上面被送醫。

至少……這次，可以讓我睡一覺了吧？當然，這個願望不可能實現——在確認還有意識、腳還能動後，我就離開醫院了。

雖然**手還吊著三角巾，我仍然坐在值班台接電話。老話一句，「沒有人可以幫你上班」**。

不過，我這一件糗事並沒有被同事笑太久。

過沒多久，另一個同事也騎機車騎到睡著，直接摔斷兩顆門牙。

「你們這都算小意思啦！以前有個學長，開車開到睡著，直接開上安全島撞路樹，還有那個誰，在等紅燈時睡著，被民眾報案……」似乎是為了安慰我，老學長跟我聊起過去其他員警的「豐功偉業」。

能把事故當作糗事來聊，也是這一行少有的樂趣了。

有批警察好便宜

算一算，我一個月加班超過一百二十小時……

二〇一二年大選前的活動非常多。每一場活動，長官都會要求派出大量警力，我們也得一直加班。

連續上班十七天、工作二十天只休兩天、連續工作二十小時、工作十六小時後休息五小時再上十小時、勤務拆三段上四小時休四小時……那一段時間的勤務表可說是創意十足，恐怕會嚇死勞安專家。

算一算，我一個月加班超過一百二十小時。等到月底時，我們要自己填報每月加班費，然而加班費有時數與金額上限，最多只能報到一百小時或一萬七千元。

「如果超過上限的時數呢？」

「沒有啊。」內勤學長一臉狐疑地看著我。

「咦，怎麼沒了？沒有累積時數換補休之類的嗎？」

「我們這邊沒這個規定，除非是全天停休才能補休。你這些只能累積到一定時數後換嘉獎。」

「這也太奇怪了吧？加班給補休不是法律規定的嗎？我聽其他分局的同學說有啊？」

「別想了啦。給你看看這個。」

學長拿出一張獎懲令，上面寫著「超時服勤未支領超勤加班費達四十小時，嘉獎一次」……居然還真的換嘉獎啊。

一支嘉獎，代替近七千元的加班費

學長的年資超過六年，換算加班費，一小時超過一百七十元，等於國家用這張紙代替他近七千元的加班費。

四十個小時的工時，才能換一支嘉獎，但只要遲到十分鐘就會被記一支申誡，為什麼上級會覺得這樣的待遇叫做「合理補償」？我完全不能理解。

如果一般企業做這種事，肯定會上新聞，雇主會被調查、罰款吧？不過這個政府是如此對待自己的員工，而長官也不會受到任何處罰。

「那麼，假如我今年的加班時數總和不到四十小時，沒辦法換嘉獎，會有其他的補償嗎？」

「什麼都沒有啊。」

最後，我那沒有任何補償的二十幾小時，全部奉獻給國家了。

長官將加班視為給基層員警的福利

警察很常加班，且不知道為什麼，不少長官將加班視為給基層同仁的福利。

「同仁需要錢。我排加班，是為他們好。」

「你們的加班費一個月可以領到一百小時耶。這是給警察的福利。」

如果你不想要這樣的「福利」，希望每天工時是法定的八小時，那反而會引來不少長官的關切，他們希望你別給單位製造麻煩、影響同事勤務。

但不可否認，以目前要求的工作量，**員警就算這樣加班，也還是做不完**。日益膨脹的業務、不斷加碼的勤務，導致警力根本無法應付需求。雖然政客、學者、警察機關一直都喊警力不足，然而真要補足警力，恐怕得要增加五成的員警人數才能負荷。

我們的加班費只計算本俸與專業加給，不包含其他津貼。此外，也沒有如同勞工般有額外加成。換言之，員警的加班費其實比時薪還要低。

所有人都知道警察過勞，但也只能讓他們繼續過勞

既然如此，讓一個警察做一點五人份的工作，對政府而言顯然比較划算。

警察每天的工時都預設好會加班，勤務一天上十二小時，而當真的有額外工作必須「加班」時，也沒辦法再排工作時數給你，因為這樣會超過法定工時。

因此，儘管所有人都知道警察過勞，但也只能讓他們繼續過勞。

二〇一九年，台南市長黃偉哲出席行政院會時，認為台南市現有員額已逾四千人，警力過於充沛，對地方財政來說是沉重的支出。

而在他說這些話的同時，台南市的警察依然繼續每天工作至少十二小時。前幾天，有兩名不到五十歲的警員病逝，前一年還有員警因為勤務過重而自殺。

如果真的警力充沛，為什麼還需要讓警察強迫加班？

當時台南市的員警總數是四千三百三十五，警民比例大約為一比四百三十五，這樣的數字高於警政署員額基準的一比三百五十人——而整個台灣也只有台北市低於這個基準數。

然而，**相比其他國際都市，台灣的警民比實在是高得驚人**。倫敦是一比兩百五十九，柏林是一比兩百零一，而紐約是一比一百六十六。

台灣的警力比這些地方更匱乏，業務與勤務卻又比他們更繁雜。如此，**警察的過勞與早逝，不也只是必然的結果啊**。

能領到加班費，已屬慶幸

既然警察這麼便宜好用，政府也就把各種工作堆過來，讓他們不斷加班。然而能領到這些加班費，也已經要慶幸了。

有一次，警察局辦了業務講習。從早上八點一直到晚上六點，加上來回車程，總共超過十一小時。然而，令我訝異的是，月底要填報加班費時，內勤卻說當天多的時間不算加班。

原因很簡單，〈警察機關外勤員警超勤加班費核發要點〉：只有「勤區查察、巡邏、臨檢、守望、值班或備勤」才叫做超勤，除了這些名目以外的工時，不管是開會、講習、勤前教育、裝備保養、整理業務、協助其他機關工作，通通都不算加班。

為何明明一樣是受到雇主指示執行的工作，卻有這樣的差別？

在三十年前，勞動部做出函釋：「雇主強制勞工參加與業務頗具關連性之教育訓練，其訓練時間應計入工作時間。」也就是無論是什麼樣的工作內容，它仍然占據了本來屬於勞工的休息時間，接受雇主的控制，就應給予相應的報酬才公平。

現今甚至連雇主要求勞工在休假時間，參加公司舉辦的聚餐、康樂活動都算是加班了，但公務機關卻仍用各種取巧的規範，迴避該給員工的報酬。

在政府一直高呼重視勞工權益的同時，是否也有包含他們自己的員工呢？

警察之國

各種行政任務，要取締病死豬、亂丟垃圾、公共場所抽菸、調查菜價、虐待動物、工地安檢……

無論法律有沒有明文規定哪個單位要做這件事，都可以給警察來做。

「倫哥，有一件勤指中心通報的案件『紅綠燈壞了』，麻煩你們跑一趟。」

我無法理解為什麼紅綠燈壞了要跟警察報案，也不知道為什麼警察局就這樣把案件一路交到派出所。

但我沒有辦法抗議，還是只能去現場看那個號誌：「嗯，對，它真的壞了。」

警察當然不會修紅綠燈，我也只能像一般市民一樣打電話給維修單位。

雖然燈箱上面寫了一支維修專線，不過無論我怎麼打也打不通，最後我只好打給「一九九九專線」。

一九九九專線理論上是為了方便民眾，因為不知道自己的問題該找哪一個政府部門，所以統一由一九九九進行登記，再交由各專責部門處理。

理想很美好，但現實卻不是這麼一回事。

因為絕大多數的問題，都丟給了警察。就算是寵物遺失、需要社會救助，他們還是只會要警察到場處理，讓我都有點懷疑一九九九話務員的轉接號碼是不是只設定一一〇。

雖然不抱期待，但我也沒有別的方法了。

警察方便又好用?!

一九九九接通了電話，我跟他說明現場的情況，請他通知維修單位。

沒過多久，勤務中心又跟我們發報了同樣一個地點有號誌故障，還說明是「一九九九轉報的」。

天啊，警察業務已經這麼廣，卻還要負責維修紅綠燈？看來，以後警察特考要加考電機工程了。

我再次打給一九九九。這一次，我決定好好跟對方把話說清楚。

「您好，我要通報有號誌故障，請派人過來維修。」

「好的，我們會派人去現場。」

「你們要派誰去現場？」

「我們會派警察到現場。」

「警察會修號誌嗎？」

「我們都是這樣處理的。」

「聽好，我就是警察。這個號誌故障需要維修，然後你還要派已經在現場，而且不會修理的警察到場。你知道自己在講什麼嗎？」

「……我們會通知。」

等了一個小時後，交通工程處的人終於來到現場，他們只花十幾分鐘就把號誌修好了。

我不理解為什麼一一〇與一九九九都堅持要派無法處理的警察到現場，而不是叫可以維修的工程單位來。

如果是要警察先到場確認有沒有意外事故，那麼為何不同時通知工程單位，讓號誌快一點恢復正常呢？

是否政府只是想要有個方便的人可以快速到場，去回應民眾的質疑？至於這個人有沒有辦法處理好民眾的問題，他們其實不在乎，反正就算被民眾抱怨，也是那個人的問題，而那個方便好用的人，就是警察。

屬於動物保護法的案件，仍要求員警處理

報案現場有兩個人在激烈爭吵。原來其中一方在公園遛狗，但他沒有牽繩，於是狗跑去追趕一名小孩，導致小孩受傷，小孩的母親要求對方負責。

但另一方卻堅稱小孩是自己跌倒，反倒是小孩的母親還攻擊他的寵物，他要求對方道歉。雙方各執一詞，僵持不下。

不過，無論是狗沒有牽繩或是虐待動物，這些都是屬於動物保護法案件，警察沒有權責處理，也沒有認定的專業知識。依規定，要交由主管機關調查，以及後續裁處。

於是，我打電話給動保處，但沒有人接。沒關係，我很習慣了。

我又再試了別的號碼，終於有一支接通了。

我想他們可能需要派人到現場瞭解一下狀況，便問他們大約要多久後會抵達。

但對方回我：「我們不會派人過去。」

「你確定？當事人對於案件內容有爭執，你們不想要瞭解第一現場的狀況嗎？」

「你們把雙方的聯絡資料登記好，我們晚點再叫人過去拿。」

既然主管機關不願意到場，我也只能讓當事人簡單寫些基本資料，再讓他們各自離去。

幾天後，我輪休。我接到動保處打來的電話。

「王警員，你知道那隻狗有什麼傷嗎？當事人有想要怎麼處理嗎？」

「我怎麼可能知道呢？我並不是獸醫，且我也已經如同你們所說，留下雙方的聯絡資料。」

「可是沒有詳細的事情經過，這樣我們不知道要怎麼處理耶。」

「……這不是應該你們要調查的嗎？你們不是可以直接跟當事人聯絡？」

雖然我已經預料到可能會有這樣的發展，但我還是很訝異他們對這件事的態度。

「那麼，你認為我們該怎麼處理？」

我的耐性終於被磨光了：「為什麼你一個動物保護主管機關，會來問我一個協助單位，要怎麼處理你們的『業務主管案件』？」

「可是，這樣我不知道怎麼結案啊。」

他可能聽不出我快壓抑不住的怒氣，依然用一種與自己無關的態度，彷彿是他們在幫警察處理某個麻煩一樣。

「該怎麼處理，應該是依照你們的程序。」

說完，我直接掛斷電話。

警察成為所有行政部門的下屬

其實，我不應該這麼生氣的，因為這是很稀鬆平常的事。

警察就是這樣的一個存在，它變成所有行政部門的下屬。只要任何一個機關想，它都可以指揮警察，警察會幫他們把一切打點好。反正只要派基層警員去處理就好了。各種行政任務，要取締病死豬、亂丟垃圾、公共場所抽菸、調查菜價、虐待動物、工地安檢……無論法律有沒有明文規定哪一個單位要做這件事，都可以給警察做。

民眾不知道要找誰，報警就對了。政府現在有事想叫人做，讓警察做就對了。新興社會問題不知道歸給誰，交給警察就對了。警察高層絕對不會拒絕，基層警察也只會乖乖做。

警察幫水利局巡視河川地、幫忙抓績效……

我們轄區有一條水道，偶爾會有大貨車與工程機具來取水使用，這對周遭環境造成了汙染，居民向里長抱怨，里長找市政府處理。

依法規來說，水資源管理屬於水利局業務。他們可以依「水利法」，限制水源使用，並對違規人裁罰。就算水源使用沒問題，環境汙染也會是由環保局稽查。從頭到尾都與警察無關。

後來民意代表與各部門開協調會，並現場會勘。水利局老實地承認這是他們該做的工作，甚至他們還挑了個時間過來開罰單。照理來說，應該就這麼定案了。

但結果，**最後的會議結論是：「請派出所加強巡邏，並派員站崗。」**

無論是什麼人，就算是警政高層，似乎都覺得設個巡邏箱，就什麼問題都解決了。

從此之後，我們得幫水利局巡視河川地。雖然我們發現違法，也沒辦法開罰，但因為水利局會要求警察「協助蒐證後，移送給主管機關」，等於警察還幫水利局抓績效。而在那一次的會勘之後，我就再也沒看到水利局的人來過了。

連不屬於警察的業務，警察都排勤務，且要求績效

這些不屬於警察的業務，警察甚至還會特地排勤務來做，也會被要求績效評比，表現不好，一樣會被懲處，反而變成主管機關來監督警察做得如何。

做到這種程度，我已經不知道為什麼還要這些單位了。如果最後都是要給警察做，何必浪費人民的稅金，特地設立這些局處呢？

為了環保局的取締廢棄土方的績效，警察自己排了個「黑蝙蝠專案」——要求員警去路上攔查砂石車，看他們是不是違規偷載。再花一個多小時，等環保局的稽查員過來開罰。

為了衛生局的取締病死豬的績效，我們特別排了臨檢站，要攔檢運豬車。大半夜的，不會有衛生局的人過來開罰，變成我們還要去瞭解衛生法規，幫他們完成九成的工

作。

為了移民署的逃逸移工的績效，警察設了個「祥安專案」，還要評比各單位的目標值達成率，甚至移民署後來因為人力問題，暫停自己的查緝勤務，結果警察還繼續做。

拿棍子戳機車排氣管?!

如果你要問警察有沒有相關專業，甚至有沒有法律賦予的權力去做這些事，我可以保證，是沒有的。

曾經有上級要求警察去查緝機車改裝的排氣管，員警就拿著棍子，往排氣管裡亂戳一通，最後把民眾的機車弄壞。

但就算有這些隱憂，政府還是依賴警察來做這些事。到了最後，這些局處連本來該屬於自己的工作都不會做了。

就像放鞭炮這件事，實際上的主管機關是消防局。如果是噪音，則是由環保局取締，而在特定地方，例如河川地就會是水利局主管，而他們也有雇用駐衛警，專責巡邏、取締河川地違規。

但每一次有廟會或到了節慶日，我們的上級還是會編排勤務，要求我們在這些地方罰站。我們只能傻傻地站著，看著大家快樂地放鞭炮。

若你問我，該負責處理放鞭炮的主管機關那時候在哪裡，我也很想知道答案。因為無論你打去水利局、工務局，都不會有人接電話，只會有電話錄音對你說：「現在是下班時間。」這也是理所當然的，他們可以放春節、端午節，就只有警察還在這邊上班。

所以面對檢舉放鞭炮的報案，我們只好「勸導」當事人，不然我們也沒辦法。然而，當事人大可不理我們，繼續放鞭炮。報案人也就繼續報案，我們就繼續跑現場，事後再被投訴「警察都沒有處理」。

一九九九專線不斷將案件轉給警察

在這麼多年的執法生涯裡，我從來沒有見過該負責的主管機關，會在現場執行稽查。雖然大家都知道這些地方在節日肯定會有違規行為，但他們還是不會有所反應，而一九九九就繼續將案件推給警察。

某一年的中秋節，我決定不再遵守這一套遊戲規則。

當天，不管是民眾打電話來、一一〇系統分配的案件，只要在河岸放鞭炮的案件，我全部都轉報給水利局。

水利局打不通，我就打給一九九九，要求他們派案給水利局。大約派了五、六件後，我接到自稱是水利局值班的電話。

「我們沒有辦法派人啊！你不能一直把案件給我們！」

但若不是每一個警察都加班到十二小時，我們大概連接你電話的人力都沒有，而且那些本來就該是「你們」的案件啊。

為什麼政府一直嚷著警力不足，每一次都說：「警察辛苦了。」但卻又要警察去收拾其他機關應該負責的工作呢？

我對水利局值班說：「這是你們自己要去想辦法解決的問題。」

一份荒謬的公文

隔年的中秋節，我們就收到了一紙公文。水利局要求警察「加強巡邏河川地」。唉，這就是他們解決問題的辦法。

而且許多機關在將事情丟給我們時，都會說一句：「只有警察才有執法權。」可是，其實他們才是真正有執法權的單位。

本來處罰就不是警察專屬的職能，甚至也不是警察最重要的工作。

「行政一體」、「行政協助」這一類的說詞，已經變成長官承包這些不屬於警察的工作，要求基層員警的主要理由。

但這個詞的涵義，是主管機關遇到障礙時，可以請求其他機關就其職務範圍提供協助。

例如建管處要清除停在防火巷的車輛，沒有拖吊車，可以請求有拖吊車的單位協助。交通局要清除交通障礙物，可以請求清潔隊協助清運。

就警察而言，應該是主管機關在執行業務，與民眾發生衝突時，可以在場協助維護秩序，而不是變成什麼都由警察來做，就只是因為警察很有效率。

因為警察很方便，就變成所有機關的下屬，但**我們有因為處理這些勞務獲得應有的報酬嗎？**

被使喚了這麼多年，如今我已不奢望他們會補償我們那些應得的。但至少，把那些不屬於我們的拿走吧。

「社會安全網」的重點不在犯罪控制

警察要處理的事項愈來愈多，然而警察真的知道該怎麼做嗎？在隨機殺人案件愈來愈多以後，政府開始強調「社會安全網」這個名詞。警察局也辦了一場講習，講者是防治科的長官。

但我聽防治科的長官講了二十分鐘，只重複一些既有的警察法規，或者一些不知所云的宣導標語。似乎是為了打預防針，他在正式開始前，還講了一句：「在接觸這個業務之前，我跟大家一樣，並不瞭解。」

而聽完以後，我覺得他現在可能還是不瞭解，或者我們的政策方向本來就錯了。

許多人一聽到「安全」兩個字，就直覺地認為與警察有關，連警察自己也就這樣承攬下來。然而，社會安全網的重點是在於「社會」，這個名詞在一九九〇年代被提出來時，就有很明確的目標：消滅貧窮。

在犯罪即將成為犯罪之前就將它消滅，得從經濟、教育、社會福利等層面著手。只要人民有基本的生活保障，自然能降低犯罪誘因，也能減少突發狀況的影響。

它的重點在於社會保障，而不是犯罪控制。然而，政府許多提到社會安全網的文宣，沒有意識到這點，依然還是在強調要如何讓警察即時介入，這是一個很大的政策問題，也是認知問題。

警察不是所有社會問題的解答

警察不是所有社會問題的解答。警察最重要的功能在於即時危害的排除，然而如何讓危害不發生，並不是多簽幾次巡邏箱、多盤查幾個人就能解決的。

這也是近幾年許多國家一直在檢討警察政策最主要的原因。

如果能夠建立完善的社會安全制度，讓人民豐衣足食、生活圓滿，還需要用警察去嚇人嗎？過度的警察干涉，會不會才是導致社會問題複雜化的原因？

美國研究發現，在二〇一五年，紐約市警察罷工時，重大犯罪的發生率反而下降。學者認為積極的警察行動有時會增加與民眾的衝突。某些警政策略反而助長嚴重的犯罪活動，破壞社區發展，並加劇經濟社會的不平等。

警察逮捕犯罪，並不意味犯罪就被消滅，它只是從人們的眼前消失了。

從警這麼多年，我辦過很多案件，但我從來不覺得自己在「淨化社會治安」。

我只是把他們送到法庭，等他們出來時，再把他們送回去。

當政府愈依賴警察，我們離民主愈遠

過去，台灣有很長一段時間是警察國家。日本人賦予警察極大的權威，也讓台灣人學會尊崇這個權威。當時的警察無所不管，人民也對此深信不疑，認為警察什麼都該管。國民政府接收後，決定承襲日本的警察統治，繼續將派出所當作執政的細胞，讓警察繼續扮演人民心中的「大人」。

警察是執政者最有用的工具，因為警察擁有武力，讓人民感到畏懼，使他們順服執政者的意志。

所以當政府愈依賴警察行政，其實也意味著我們離民主愈來愈遠。**政府不應該一直用警察來回應人民的需要，那同時意味著執政者一直將槍口對準人民**。

我們所有人都需要學習的課題

警察不是萬能的，而我們的公部門也無法承載這樣的期望。

隨著時代發展，無論是危害或福利都變得更為多元。僅僅依靠基層公務員的功德與血汗，已經無法滿足人民日益膨脹的需要。

終歸而言，警察所學的是要如何快速壓制人，而光是這件事情，現在的我們都做不好了。

如果要警察扮演福利發放者，警察也只會用最簡單、粗暴的方法完成它，同時警察也會迷失於自己的角色。不知道該發放福利或者展現權力，這會讓警察在處置治安問題時不知所措。

為了給人民更專業、更有效率的服務，同時也為了維繫這得來不易的民主法治，不將警察當作處理所有問題的解答，是我們所有人都需要學習的課題。

無論是警察或人民，都該走出警察國家的陰影了。

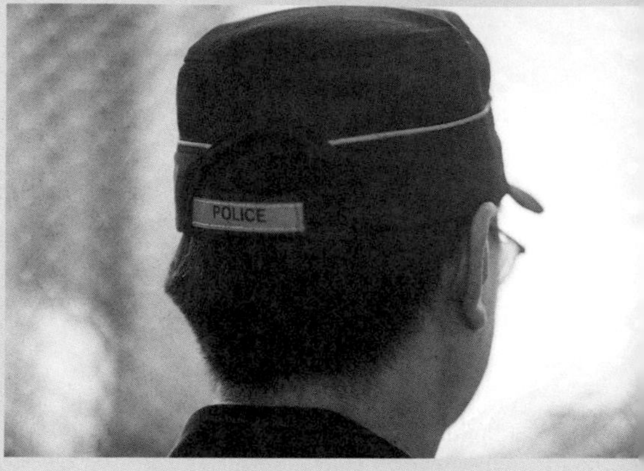

從幾年前開始，我盡可能蒐集所能發現的員警自殺紀錄。

每到長官們歡慶的警察節，在夜裡，我會打開這一份名冊，默默地看著他們，回憶他們的故事。

周明德，五十二歲……

羅偉誠，二十六歲……

許文福，五十一歲……

……

或許有人會問：「背負那麼沉重的東西，難道不覺得辛苦嗎？」

不過，要是放下的話，就不會有人記得了吧？

……這是他們僅存在這世界上的東西了。

輯四

那些逝去的員警

他們依然在這裡

如果你對勤務提出一些安全疑慮，有人會跟你說：「不會啦。」

你想著要不要穿更多防護裝備，有人會跟你說：「怕三小啦。」

「你看那個誰啊，都沒在抓績效，只想平安下班，對單位一點貢獻也沒有。」

先不論抓績效是不是警察的職責，做這份工作想要平安下班，其實，也不是一件容易的事。

因為你永遠不知道自己會遇到什麼，**不知道自己這次出門能不能平安回來**。

我到派出所兩個月後，隔壁派出所的同學在巡邏時遇到槍擊。幸好對方沒有打中他，他還因為緝獲槍砲，受到上級表揚。

但我聽到這一件事時，卻流下一身冷汗。

他發生槍戰的地方，就在我們轄區的交界處。也許換了一個時間，就是我們遭遇槍擊。

而我們，會不會那麼幸運呢？

警察還必須小心，不讓發酒瘋的醉漢受傷

我自己遭遇過數次攻擊，也因此上過法庭。

有一次是去支援別所轄區的鬥毆。幾個人酒醉、起口角，有人通報，警察過去勸導。大概是覺得被警察講話沒面子，又或者是醉得太厲害。他們反過來大罵警察三字經，最後還直接出手。

我們到現場時，雙方已經扭打成一團，手電筒、無線電等裝備掉了一地。我過去想拉開他們，但當中最凶悍的那個年輕人用力拉扯我的防彈衣，不但把我夾在上面的微型錄影機拍到地上，還用力抓了我的手臂，劃下一道道血痕。

我顧不得疼痛，立刻握住他的右手，但他的左手還閒著，直接一拳過來，打到我右邊同事的臉，把他的眼鏡打斷。

要控制發酒瘋的人，沒有那麼容易。他們已經醉到不會顧忌什麼身分，下手也不知輕重。但警察還得小心，不讓他們受傷。我們五、六個人抓著他，好不容易才把他壓制住。他的朋友們雖然還在叫囂，但支援的同事陸續趕到。眼看警察愈來愈多，他們開始退縮。

連自己花錢買的錄影機都被打壞

事情終於告一段落了。然而，**「警察逮捕犯人」**並不意味故事結束，這**只是案件的開始**。

把人帶回派出所後，大家清點損失。幾個受傷的同事，一起去醫院驗傷。而我被拍到地上那台錄影機是自己花錢買的，因為公家密錄器的品質，實在是不堪用。沒想到才買不到兩個月，就遇上橫禍。

案子到了地檢署後，檢察官先安排調解，但等我們下周去調解委員會時，卻被對方放鴿子。

直到下次開庭時，才有一個老人家出面，自稱是那名醉漢的父親，說他們家實在沒錢，只能盡量補償。

到這種程度了，我也不期待他們能賠償我的損失。

至少，還能在這邊講故事，我就覺得自己很幸運了。

「沒那麼嚴重啦！」「不會那麼倒楣啦！」

「沒那麼嚴重啦！」「不會那麼倒楣啦！」……這些話，多麼耳熟能詳。但我不知道，板橋派出所的林鈺祥也不知道。林鈺祥只是去勸導違規攤販，就被攤販刺了兩刀，一度命危。

新海派出所的張家逢也不知道。他去處理違規停車，就被司機拿刀猛砍十三刀。

民族路派出所的陳國欽也不知道。他只是去處理一件妨害安寧，卻被對方搶奪配槍，就此中彈殉職。

鐵路警察局的李承翰也不知道。乘客沒有買票的糾紛，但居然會是自己最後一次處理的案件。

這些案件，很多都是長官所謂「不要浪費巡邏警力，叫備勤去處理就好的輕微小案件」，甚至很多還不是警察的職責範圍該做的。

沒有發生危險，得要我們從險境中脫離後，才知道。

愈來愈多員警朋友在執勤時受傷

好幾年過去，有愈來愈多認識的員警朋友在執勤時受傷。

一個學長去處理民眾報案的妨害安寧，結果被躲在裡面的逃逸移工狠狠咬了一口，留下明顯的疤痕。

一個同學在路口交整時被車撞，在醫院裡整整昏迷了兩個月。

一個同事被拒檢者駕車衝撞，休養了一個月，但還是沒辦法回來上班，最後辦了停職。

有些是意外，有些則是赤裸裸的惡意。

他們並不是跟「某某某」有仇，有的只是針對警察。無論對方是因為恐懼、憤怒，對於身為當事人的警員來說，都是突如其來的莫名暴力。只是因為穿著一身的青色制服，就得面臨生命威脅。

如同鐵路警察李承翰，他與曾姓犯嫌無冤無仇，只是在錯誤的時間、地點出現，導致對方把情緒化為利刃，發洩在他身上。李承翰就這樣離開了我們。

只能說他們運氣不好嗎？早上出門上班，想著手上還有什麼麻煩案件，等等巡邏能不能遇到績效，回家以後要做什麼——然後，他們再也不需要煩惱這些了。

我們很哀傷，但我們不知道能怎麼辦。

最後，我們只能接受他們「運氣不好」的事實。然後，祈禱自己是運氣好的那一個。

警察是最缺乏危機意識的一群人

警察其實是最缺乏危機意識的一群人。長久以來與危險為伍，時常冒險犯難。**警察很容易把所有危險當成日常**，也因此輕忽了各種威脅。

而且**社會期待警察有勇敢、剛強的形象，所以警察也不會對外示弱**。

如果你對勤務提出一些安全疑慮，有人會跟你說：「不會啦。」你想著要不要穿更多防護裝備，有人會跟你說：「怕三小啦。」

街頭的基層警察自己都這麼想了，坐在辦公室裡的管理階層也不例外。

就算是警員出身的長官，也因為他們離開現場太久，因而忽略現在的社會與他們曾經歷過的，已經大為不同。

最終，他們對於基層警察執勤安全的關心，僅僅剩下「夜間執勤要穿反光背心」、「所長勤教，要提醒員警注意安全」，而不是停止各種危險的勤務方式。與「便於管理」、「勤務為重」、「績效第一」相比，員警的安全，彷彿一點也不重要。

基層員警種種的擔憂與不滿，往往只能得到高層一句：「警察的工作本來就具有很高的危險性。」

能讓我們平安上下班嗎？

然而我無法理解，為什麼大家會覺得警察就是應該要賣命？每當一個員警遭遇不幸，長官說要爭取從優撫卹，民代吵著要提高撫卹。彷彿錢給夠了，警察就該去赴湯蹈火，甚至付出性命。

但就不能給我們一個健全的體制、安全的設備，讓我們可以平安上下班、好好過生活，而不是每次都要賭上自己的性命？

曾幾何時，社會對警察的期望，是我們要為某件事付出生命呢？

美國曾經發生一起襲警案件。在那一名員警的葬禮上，長官致詞：「他原本應該能平安下班回家，度過他的日常——**這是他應有的權利。**」

要到什麼時候，台灣社會才會意識到，**警察也是那個應該被保護的「人民」，能得到那些應該有的權利？**

他們已經沒有機會退勤了

當我結束最後一班勤務，回到派出所時，我都會鬆一口氣。

每卸下一件裝備，就像放下一道重擔。

把槍放回槍櫃時，我會覺得這是今天最有成就感的時刻。——我沒需要用到它，真是太好了。

我可以在出入登記簿，寫下「退勤」這兩個字，與同事分享今天遇到什麼特別的事，考慮等等還可以睡幾個小時，真是太幸福了。

但，他們已經沒有機會退勤了。

涂明誠、曹瑞傑、薛定岳、李承翰、王黃冠鈞、郭振雄、葉家豪、陳啟瑞……還有許多早已被遺忘的警察，他們仍然繼續在勤務崗位上。
每當又一個人離開時，長官總會舉辦盛大的紀念儀式，再提出各種改進政策。然而，就連自己設置的「警察英烈紀念網」，都沒有完整地記錄所有的犧牲者。如果我們連紀念都做不到了，那麼要如何改進那些造成他們犧牲的現實？

「當員警殉職時，失去一名警察的，不只是那個單位，而是整個國家。」我們真的有感受到這句話的重量嗎？

死了一個警察之後

警察一向習慣大事化小，把種種問題歸因於執行者個人或底層管理者，刻意忽略其中的結構性問題。

「永別了，穆罕默德，我們會為你復仇。我們今天為你流淚，我們將讓那些造成你死亡的人流淚。」——突尼西亞人，在穆罕默德．布瓦吉吉的葬禮上

看著李承翰被刺的畫面，我的心中滿是問號。

為什麼要他去處理這種補票糾紛？為什麼他會站在那個位置？為什麼只有他一個人

去？為什麼後續沒有支援？為什麼？為什麼？……

所有的悲劇都不是「個案」

警察體系存在著很多問題：勤務編配、警力運用、安全觀念、訓練資源等等，也一直有人探討當中的問題。然而，還是有無數警察因為這一些問題而倒下。警政署長事後召開會議，表示要提升「執勤安全」及「執法尊嚴」。但為什麼這些事情一直在發生？為何大家不願重視執勤安全？因為，這個制度並不重視。它讓其他的價值與規則凌駕在生命之上，使我們相信所有的悲劇都是「個案」。

「你們警察好可憐喔！」每一次有人這樣說時，我都充滿疑問。如果真的覺得我們好可憐，那為什麼還要讓我們陷入這種可憐的局面？當把種種問題都讓警察承擔時，警察就只能成為所有問題的祭品。

在李承翰案件發生後，台鐵公司表揚員工「沒有乘客死亡」，但在這過程中，明明死了一個警察，卻彷彿與台鐵無任何關係。至於要**如何增進公共運輸安全？卻仍是將它**

推給警察，「要求警察提高見警率」、「增設巡邏箱」。

在台灣，似乎許多事情都變成警察的責任。

銀行被搶了，是警察沒有顧好銀行。學校裡發生霸凌，是警察沒有進入校園巡邏。廟會造成的交通壅塞，是警察沒有好好疏導的錯。

然而在國外，他們不會把這些事情當成是警察要負責，甚至他們認為不該讓保護公共安全的警察，幫私人企業收拾善後。

死了一個警察之後，我們更進步了嗎？

二〇一八年，日本東海道的新幹線發生一起無差別持刀殺人的事件。事件發生後，所有的日本鐵路公司不但增加保全配置，並規劃保全一同乘車戒護。

他們還訓練員工防身術，進行對抗歹徒的狀況演練。司機與乘務員身上都配備強力手電筒與辣椒噴霧。車廂內也新增防護盾、刺叉與急救用品，讓員工都熟悉裝備的使用。而後日本政府進一步修改《鐵道運輸規程》，禁止乘客攜帶未包裹的刃物。

但台灣的鐵路公司與警政署做了什麼？事件過了一年，我們還看到列車長未配備防身噴霧的新聞。

死了一個警察之後，我們並沒有更進步。沒有增加避免危害發生的制度與措施，只是繼續讓基層警察做這些無謂的工作，讓原本應該承擔責任的人迴避責任。眾人繼續高喊「維護警察執法尊嚴」，但也繼續讓基層警察處於毫無尊嚴與保護的職場。

我們應該守護的是「警察本身」，而非高層的「執法尊嚴」

然而，警察之死，不是執法尊嚴的問題，而是人性尊嚴的問題。一審的判決結果出爐，鄭姓嫌犯無罪，社會輿論譁然。警政署公開表示「全體警察無法接受」、「呼籲檢察官上訴，維護警察執法尊嚴」。許多人也紛紛湧入警政署的臉書專頁，聲援警政署的公告。

但我的內心感覺空虛、疑惑。

為什麼警政署變成正義之師？警力不足、裝備不良、訓練不夠，一個本該是台鐵自己要處理好的逃票糾紛，卻導致警察白白犧牲，這不都是警政高層導致的局面嗎？

我完全不在乎警政署在我死後，找了多少律師上訴。**我只在乎它在我活著的時候，給我夠多的資源**。

不要在我執勤的時候沒有防彈衣穿、不要讓我一個人面對危險、不要讓我睡眠不足去處理事故、不要檢討我沒有積極作為、給我足夠的訓練時間與課程……這些對我來說，價值超過所有撫卹金。

判有罪的話，就不會有下一個案例發生了嗎？把罪犯槍決了，警察執勤安全就得到保障了？每宣判一件死刑，裝備就升級、警力就提高、警察就更有尊嚴？

我們應該守護的是警察尊嚴，還是警察本身？他們口中的「執法尊嚴」，能保護基層員警面對現場的危險，還是只是滿足自己的虛榮，並掩蓋無作為的事實？

在台灣，七萬個員警公民的心聲，有人知曉嗎？

在一些基層員警的眼中，警政署的公告，是多麼讓人心寒。它沒有回答許多人一直在意的疑問，也沒有回應許多人高喊的改革。

說要採購更多裝備，結果連防彈衣都有問題。說要增加訓練，結果地方政府還是沒錢辦訓練。說要規劃情境模擬，但實際上根本沒有足夠的配套，大家還是只能照套路走。

一邊大呼司法判決不公，一邊迴避行政機關該有的責任。一邊說要捍衛執法尊嚴，但實際上卻不在乎員警的尊嚴。

高層只是一如既往地掌握話語權柄，繼續代言「全體警察」，讓各種不同的聲音消失罷了。

在國外，警察機關就只代表著機關的立場。員警個人的言論與思想自由仍受到保障，更多是由員警結社，代表警察「作為公民」的立場。

但是在台灣，七萬個員警公民的個人意志，就被一篇貼文給取代了。真正屬於基層員警的想法，有人知道嗎？

比起制裁犯人，我更在意基層員警該怎麼辦

我走進一間超商買晚餐。「警察被殺，居然判無罪。法院真的很可惡耶。」當我結帳時，店員這樣說。

「目前也沒辦法，上訴可能就會翻盤了吧。」我聳聳肩。

店員愣了一下。他大概可能以為我會義憤填膺，覺得這社會沒救了，全世界都對不起警察吧。

那麼，我是怎麼想的？雖然我也對判決感到困惑，然而比起要如何制裁這個人，我更在意的是，我們基層員警該怎麼辦。

如果我自己有上級所謂「警察尊嚴」之類的東西，它不會脆弱到被一個殺人犯給摧毀。

我對社會的期待、民主的期盼，不會被一個判決給顛覆。

挪威能，台灣能嗎？

二〇一一年的挪威，發生了他們自二戰後最嚴重的攻擊事件。

一名極端主義者安德斯．貝林．布雷維克（Anders Behring Breivik），在工黨青年團辦的夏令營持槍掃射，連同他在奧斯陸政府辦公大樓放置的炸彈，總共造成七十七人死亡的慘劇。

但事發後，挪威人並沒有要求要將布雷維克處以極刑，也沒有指責彼此。

他們雖然在案發後發起大規模的遊行，但僅僅是將花撒在道路上，哀悼那些無辜的犧牲者。

「讓我們像過去一樣關心彼此吧。」面對布雷維克的仇恨言論與暴行，挪威人不散播仇恨與製造對立，而是以正常生活和團結作為報復。

無論皇室與官員、媒體與人民，他們自己也發現挪威出現問題了。但比起如何處理那個瘋子，**他們更在乎彼此，並關心「我們的社會怎麼會發生這件事」**。

美國導演麥克．摩爾（Michael Moore）曾拍過一部紀錄片，訪問兒子遭殺害的父親，不斷追問，他是否想要對布雷維克報復。

最終，那一位父親打斷了他。「我不想墮落到跟他一樣，自以為有權利殺人。」

「對暴力的正確解答，是更多的民主與開放。」挪威時任首相史托騰伯格（Jens Stoltenberg）說：「如果一個人能製造這麼多的恨，那想一想，我們團結，能創造多少愛？」

挪威的在野陣營也未對執政黨進行攻擊，保守黨發表聲明「我們都在哀悼」。第三大黨進步黨黨魁表示：「這一天，所有進步黨員都是工黨青年團員。」

當然，挪威人不可能完全不在意布雷維克。二〇一五年，他申請就讀奧斯陸大學時，引起了軒然大波。

但最終校方決定讓他就讀，不過不讓他進入校園或當面接觸校方人士，而接受他的申請，也僅是為了維持學校的教育精神。「這是基於為我們大學考慮，而不是為了他。」

挪威人不會為了一個極端分子，改變自己的信念。

「現在挪威終於回到從前。我們不再是受害者了。」奧斯陸大學學生代表在接受ＢＢＣ採訪時如此說。

那麼，台灣呢？

我們是否也能在事件發生後，關心我們的台灣怎麼了？

我更想要關心我的同事們是否都能平安地下班？

我們的警政系統，是否能給員警更好的勞動環境？

我們的救護系統，是否能負荷現有的緊急需求？

我們的衛生系統，是否能讓這些人獲得最好的照顧？

我們的社福系統，是否能支撐這些家庭，不至於崩潰？

我們的司法系統，是否能公正審判與顧及被害人的權益？

我們的教育系統，是否能傳播良知與公民素養？

……我們的台灣社會，是不是能一起團結度過難關？

我們能從自己的周遭開始改變嗎？

如果我們羨慕先進國家的社會文化與制度，並希望台灣擁有那樣的公民社會，我們是否能從自己的周遭開始改變呢？我想讓台灣警察與社會有更好的想法與意志，不會被這些惡意所動搖。

當然，我也會擔心自己成為下一個犧牲者。

我每天上班，也想著自己可能會在下一刻遭遇橫禍。眼前的那個人，下一秒可能就會掏出一把刀來。可是，如果我在這裡結束生命，對方到底有沒有病、法院會如何判決，已經與我無關了。

對我來說，有充足的訓練、完善的裝備、能夠支援的人力，同時大家遇到狀況時都能保持警覺，並能擁有正確回應的體力與精神，比對方有沒有被處死更重要。

如果我們願意更早瞭解問題的原因，並及早建立更安全的制度，是不是就不會有更多悲劇發生了？

隨意把人奉為「英雄」，是不合理且邪惡之事

隨意地把人奉為「英雄」，其實是件不合理，甚至是邪惡的事。這表示我們把一切推給了那些人，自己卻躲在安全的地方看著一切發生。

「英勇殉職」不是警政高層能拿來宣揚的徽章，而是奇恥大辱的汙點。**它代表我們沒能守護口口聲稱「最重視的弟兄」，反映的並非警察的英勇，而是警政的無能**。

高層真的知道基層員警想要什麼？需要什麼嗎？他們其實可以做得更多，但為什麼不做呢？

事件發生後，警政署大肆宣揚改革氣象，並開會討論基層員警的意見。

但那次的會議，我看一半就看不下去了。

我明白這場會議長官想要的是什麼，也正如我一直明白的一樣。他們不是想要「基層的意見」，而是想要「他們認為基層會有的意見」。

最終，警政署想守護的，還是他們希望的警察形象，那個不可侵犯的執法尊嚴，而**在制度中的基層員警，卻一直被忽視**。

警察一向習慣大事化小，把種種問題歸因於執行者個人或底層管理者，刻意忽略其中

的結構性問題。

然而，這一些問題還是存在。而不斷累積的問題，最終讓整體更為扭曲，並使我們付出代價。

要避免員警的悲劇再次發生，我們還有很長的路要走。他們的勤務結束了，但國家的義務可沒結束。

遺產

「以前有個被後座犯嫌刺死的同仁……什麼名字去了？」

一位長官來督勤時，開啟這個話題，想要表示上級對人犯戒護安全的重視。

但直到他離開了，他還是沒能想起那位同仁的名字。

李承翰離世後，我一直思考能做些什麼。

如何保護第一線同仁的安全？如何更有效地運用警力？如果集中警力運用，又該怎麼確保機動性？

如果能減少不必要的勤業務，就能夠讓第一線員警有更為充足的訓練，若同時能增加第一線的警力，就能在長時間服勤後有休息時間，不但可以調劑身心，也能提高對危機的反應能力，此外⋯⋯

那幾天，我騎著車在台北遊蕩，腦子裡充斥各種想法。

我花了很多年撰寫議論、講述勤務有什麼問題，但我還是只能看著事情發生。

我們還要看多少次呢？

如果我們忽視那些本來可以拯救他們的血淚教訓，才是對這些逝者最大的侮辱。

警政署長立誓，改善警察的執勤環境

他們說了好幾次，要改變。

還在警校時，一位在中山分局任職的學長，被警車後座的通緝犯拿刀刺死。那時，警政署辦了一場盛大的喪禮，宣布將他追晉為巡官。內政部長、警政署長、許多長官立下誓言，都提到要改善警察的執勤環境。

監察院在事後提出糾正案，說明本案有諸多需要改善之處：警力調度不當；勤務制度不合理，導致員警勤業務量繁重；連續服勤十二小時以上，影響勤務品質；教育訓練成效不彰⋯⋯

然而，十年過去了，我們又再次送走了一位年輕的警察。
監察院在十年前寫的內容，在李承翰事件發生後，還是可以複製、貼上，繼續沿用。
我們一直在重複一樣的錯誤，然後繼續讓錯誤一再發生。
等一段時間過去，他會變成「曾經死去的眾多警察」中的一個，並漸漸被眾人遺忘。

長官連被嫌犯刺死的同仁，都想不起名字

「以前有個被後座犯嫌刺死的同仁……什麼名字去了？」
一位長官來督勤時，開啟這個話題，想要表示上級對人犯戒護安全的重視。但直到他離開了，他還是沒能想起那位同仁的名字。

死在警車內的警察，他叫賴智彥。
當時長官發布新聞，提到會將他入祀忠烈祠。但十年過去了，我們仍未能見到。
連在警察自己設置的「殉職者紀念網頁」，都找不到他的名字。那麼，十年後，還會有人記得在火車上倒下的那一位警察，他的名字嗎？
盛大地辦了喪禮、立個壯觀的牌匾、追晉官位、頒發獎章……他們還是不會回來。

而我們也很清楚，大家很快就會忘記他們了。

我寫了一份建議書，交予所長

我不希望這樣。人們常說「犧牲會帶來進步」，但現實中，我們仍在原地踏步。如果他們的犧牲仍無法帶來改變，而後被時間所遺忘，這才是真正的悲劇。

一定有我們可以做的事吧？如果高層一直不能改變，那麼有沒有我們自己就可以做到的改變？也許我們沒辦法改變整個世界，但改變自己的周圍，還是可以的吧？

隔天，我寫了一份建議書交給所長。希望能改變派遣警力處理案件的規定，讓優勢警力去現場處理問題。

一直以來，許多單位都有規定臨檢時不能被派去處理案件。如果線上警力都在臨檢時，就只能派一名備勤去現場處理案件。

雖然高層都說：「單警很危險，不要編排單警巡邏。」可是為了績效與管理方便，彷彿那些危險都不重要了。

我們寧可排一堆警力在還未發現犯罪，只是因為有可能抓到績效的地方，而正在發生危險的案件現場，我們就讓僅僅一名上個時段還在外奔波數小時的備勤人員去處理。許多意外都是這樣發生的。

出乎意料之外

警察一直沒有認清基層員警該有的職責，浪費本來就不夠多的警力，甚至讓自己陷入危險。**一直抱著「不會這麼倒楣」、「不要小題大作」的想法處理問題，最後就會被問題給壓垮**。

我們來不及拯救李承翰，但我們是不是還來得及……保護長官口口聲聲最重視的同袍？

寫建議書給所長有沒有用？我不清楚，至少我是不太期待的。但與其坐以待斃，不如賭上一絲希望吧？沒想到所長把建議書交給分局長，接著立刻開了一個會議，討論可行性，並希望我提出更具體的方案。

這確實出乎我意料之外。

在幾位老學長的建議，以及所長的幫助下，最終我們順利地擬了一份草案，並將它交給分局長，而分局長也很快地採用它。最後分局長還說：「謝謝王員，主動積極發現問題，且有具體建議。」

我的心中百感交集，一半是感謝，一半是感慨。要改變這一紙規定，我必須抱著必死的決心；基層警員的死活，只在長官的一念之間。

然而，我們還是比較幸運，遇到了願意傾聽的長官。

最善之策

那些逝者，我無法幫上他們，但至少要讓其他人不會跟他們一樣。而我們也確實因為他們的犧牲而有所改變。

時至今日，我還是很感謝當時的鄭所長與許分局長，還有參與其中的長官與同事。放諸台灣警察史，這應該也是相當罕見的進步。

以後的未來每到今天，我們就不是只能哀悼，還能緬懷因為李承翰帶給我們的變革。

這樣，他就不是一個無辜的犧牲者，而是警察進步的里程碑……這是無能為力的我，對於一起工作的同事，以及遭遇不幸的那些人，所能想到的最善之策。

或許這只是一廂情願的自我滿足吧？但我仍由衷期待，會有因此被拯救之人。更希望有朝一日，我們能夠不必靠犧牲帶來進步。

還有人記得李承翰嗎？

一兩年過去了，李承翰的名字已經消失在新聞版面上。還有人記得這件事嗎？

有一天，我去參加一場講習，講者是高階警官。以他的地位理應對這些案例非常熟悉，更何況這還是同仁犧牲的慘劇。然而，他卻說出：「大家看鐵路警察的例子，執勤態度不要太強勢，對當事人要有同理心……」

我不知道該說什麼。

李承翰的態度好，是法院認證的。法院判決書內直接寫明「員警當天很客氣，而且還在開玩笑跟他講，請他要下車。員警與被告沒有肢體的接觸。沒有要押他，也沒有要罵他，員警的態度非常地好」。鑑定醫師也指出犯嫌並不是被警察言行激怒，而是因為他的妄想，讓他對警察產生攻擊性。

李承翰只是在錯誤的時機，以警察這個身分出現在他眼前。

然而，應該熟悉案例的長官，卻好像不瞭解事情經過，對大家講述一個與判決書不一樣的故事，將李承翰變成一個執勤態度不佳，害自己被攻擊的員警。

我們都很清楚，真正要避免這起事件的方法，是重新設計員警的勤務制度，並檢討非業管案件的處置流程——這也是長官應該知道的。

所以我實在想不透，為什麼要把這件悲劇，單純歸因到員警個人執勤技巧的問題？還是因為他再也不能為自己辯駁？

我為李承翰感到很不值。他犧牲性命保護的制度，是如此的不在乎他。而長官所謂的紀念，竟是如此的紀念。

守護李承翰留下來的

最終，我們還是沒有從這些事件中學到教訓。

因為李承翰事件而調整的案件派遣規定，在換了長官後，覺得讓巡邏警力去處理，會減少路檢盤查，影響績效。因為巡邏就是要在路上攔車抓績效，若有案件，就讓備勤去處理。

如果他們真的要更改規定，我們基層員警也沒辦法抗拒。

但我還是提出了意見，只因為我還是想要告訴他們：「這個政策是因為一件悲劇而來的教訓，是他留給我們的遺產。」

我想要守護住他留下來，僅存不多的東西。

就算長官們忘了，我還是會記得。

在李承翰事件發生後，
我們是否能關心我們的台灣怎麼了？
我想要關心我的同事們是否都能平安地下班？
我們的警政系統，是否能給員警更好的勞動環境？
我們的救護系統，是否能負荷現有的緊急需求？
我們的衛生系統，是否能讓這些人獲得最好的照顧？
我們的社福系統，是否能支撐這些家庭，不至於崩潰？
我們的司法系統，是否能公正審判與顧及被害人的權益？
我們的教育系統，是否能傳播良知與公民素養？
……我們的台灣社會，是不是能一起團結度過難關？

歷史的殘渣——員警自殺

幾年前開始，我盡可能蒐集所能發現的員警自殺紀錄。每到長官們歡慶的警察節，在夜裡，我會打開這份名冊，默默地看著他們，回憶他們的故事。

「今日公祭，明日忘記」，這是每一次員警殉職之後，大家都會有的感嘆。當然警政署都會一再宣示要改革，不讓遺憾再發生。然而，下一位死者往往都能追溯到以前就有的死因。久而久之，大家也麻痺了。

這些英勇的學長姊，有些會被送往台北內湖的警察公墓，每年固定舉辦春、秋祭，偶爾警察節時也會舉辦祭祀，警政署的長官與遺族一同向他們致意，讓大眾得以緬懷這些英靈。

然而有些人，雖然也是在工作中離世，卻是許多人避之唯恐不及，不願提起的黑歷史。

他們的存在，像是警察這塊招牌上不可抹滅的一道道傷痕。

我們也可能做出自殺選擇

在我報到前，隔壁單位有一位學姊舉槍自殺了。對我來說，「警察自殺」原本只是存在於報紙上的文字，但現在變成發生在我自身周遭。

隔幾年後，隔壁分局的學弟也舉槍自殺了。他自殺的那一條巷子，我曾經路過無數次。這是第一次遇到比我資淺的警察自殺。

死亡充斥在我們身邊，穿著同一身制服、受過一樣的訓練、身在差不多的職場。因此，他們發生的事，可能也會發生在我們身上，又或許，我們也可能做出一樣的選擇。

有一天，我真的很累了，但我還是得上班。

我打開槍櫃，準備領槍出勤。槍拿在手上，我腦袋一片空白，就這樣看著它。

「……如果就這樣結束，好像也沒差吧？」

行屍走肉的日子過再久，也沒有意義。整天像人偶一樣虛度，不知為何而忙。我們的生命就只是為了填補勤務表上的空白，沒有一刻屬於自己。

如果就這樣消失，就不用煩惱明天了。那些公務群組也不會吵我了，再也不用毫無意義地站在路口浪費生命。櫃子裡的公文、業務也不用管了……結束這空虛且毫無成就感的人生，好像，也不是壞事啊？

當然，我還是把槍放下了。

然而，有時到了夜裡，我忍不住想：「為什麼他們死了，我還活著？」是他們不夠堅強，還是我沒有勇氣？他們走了，我還留著，是為了什麼？繼續看著愈來愈多比我更年輕的人離開？

這是「我們」的事

「那是他的事，不用管他。」「他們想不開，是他們的問題。」不對，不應該是這樣！這是「我們」的事！老愛講警察是一個團隊，犯錯沒有個人……但**為什麼到這種**

時候……卻剩下他一個人了？

明明連自己人都照顧不來的警察，卻還要對外宣稱是「人民保母」。這真是令人悲哀的玩笑。

官方將原因導向「個人因素」

選擇結束自己生命的警察，其實不在少數。

自殺在美國是警察最主要的死因之一。非營利組織「Blue H.E.L.P.」統計二〇一九年，共有兩百三十九名員警死於自殺，比殉職的人數高出三倍。研究顯示，工作壓力、容易取得致命武器、執勤時遭遇的創傷事件，是導致警察自殺率高於一般人的原因。

而在台灣，二〇〇八年到二〇一七年間，總共有六十四名警察自殺。他們的名字，絕大多數已經被遺忘了吧？

無論是美國或台灣，要能正確統計警察自殺的人數或原因都相當困難。官方並沒有明確的統計數字，就算知道有自殺案件，官方也大多會導向「個人因素」，例如感情糾紛、債務問題、久病纏身……一言以蔽之，本來就有病。

對於管理階層而言，警察自殺是不光彩的醜聞。因此，當有自殺案件發生時，機關第一個想到的，不是要如何協助家屬或輔導同事，而是要趕快釐清事件，以免對機關的名譽造成傷害。

大家也很快發現，機關發布新聞稿時所寫的自殺動機，很多時候都與同事知道的不一樣。

被掩埋在灰塵之中

二〇一〇年五月二十六日晚上八點，蘆洲分局蘆洲派出所警員莊自強，因遭上級懷疑吸毒，被要求驗尿，後來與所長發生爭執，他朝所長開槍後自殺。

案發後，分局立刻前往莊員警住處搜索，而分局在第一時間也藏起所長所穿的上衣。所長原本做筆錄時，描述莊員警朝他開槍，但分局長張夢麟不滿意他的供述，要求他「顧全大局」，也重做好幾份筆錄，變成「所長要制止警員自殺，才被射傷」。而後家屬召開記者會，痛批分局官官相護，才讓這些內幕曝光。

案發數個月後，監察院報告指出分局明顯有違失。然而，分局長也僅是改任督察，繼續督導基層警員勤務。

三年過去，相關人士繼續升官，而莊自強這個名字，連同他被扭曲的不幸故事，就這麼被掩埋在灰塵之中。

二〇一三年八月二十九日，蘆洲分局偵查隊偵查佐蔡承宏，在分局停車場先持槍朝牆壁開兩槍，再朝頭部開槍自殺。

第一時間，分局對外表示蔡員警是因為感情問題而自殺。然而，家屬卻提出死者的遺書，表示上級刻意隱瞞工作壓力，導致蔡員警自殺。遺書中寫著：「工作有太多難言之隱，長官軟弱……基層豬狗都不如，專案勤務加身，警員疲於奔命，疏於家庭，只為求長官升遷之績效。」

但面對家屬的控訴，警方一概表示不清楚。就這樣，一切被帶過。

基層員警生前無法說話，但連死後說的話，都不能被聽到。

我想記住他們

同樣是被不健全的制度所犧牲，殉職的警察還有名字被刻在忠靈祠上，但這些被壓迫到喘不過氣的人，不會被記憶，甚至會被刻意遺忘。
對親友而言，這是難以提及的痛苦回憶。對警界而言，這是不願提及的難堪醜聞。不過，對我而言，這是應該要被眾人所記憶的歷史。
只有面對真實，我們才能不讓歷史重演。
韓國史學家申采浩曾說：「遺忘歷史的民族，沒有未來。」而遺忘過去的警察，自然也不可能走向未來。

回憶他們的故事

從幾年前開始，我盡可能蒐集所能發現的員警自殺紀錄。每到長官們歡慶的警察節，在夜裡，我會打開這一份名冊，默默地看著他們，回憶他們的故事。
周明德，五十二歲，台北文山第二分局景美派出所副所長，生前疑似患有憂鬱症，面臨巨大的工作壓力，在二〇一三年七月二十一日舉槍自殺……
羅偉誠，二十六歲，台南永康分局復興派出所警員，二〇一九年七月十六日被同事發現在派出所內上吊，手機裡透露工作壓力大……

許文福，五十一歲，台南麻豆分局警備隊隊長，身體健康不佳，又被分局長以違反勤務條例規定，連排好幾天深夜勤務。他向分局報告，未獲得回應，最後在派出所停車場舉槍自殺……

……

儘管在表面蓋上紗布，但傷口還是存在。我把他們都記下來，就算眾人都遺忘了，

但，還有我記得。

他們是我們的一部分。我會帶著他們繼續走下去，通往他們沒能看到的未來，讓他們的遺憾可以被歷史記住。

或許有人會問：「背負那麼沉重的東西，難道不覺得辛苦嗎？」

不過，要是放下的話，就不會有人記得了吧？

……這是他們僅存在這世界上的東西了。

深淵之中

有學長突然把槍拔出來，然後又慢慢地放回去。
有學長跟民眾講話，講著講著，直接往他臉上打一拳。

早上的交接班時間，大家通常都是兩種表情。
一種是撐了一整晚，準備下班，眼睛都快要張不開，像是隨時隨地都會突然昏倒一樣。
另一種是精神不繼地來上班。整張臉最明顯的是黑眼圈，眼睛雖然張很大，卻沒在看眼前的東西，瞳孔中沒有一點光彩。
眾人渾渾噩噩、漫不經心地整理裝備，兩眼無神地在各種簿冊上簽名，準備繼續過著沒有希望的日常。

「有人看到明哥嗎？」不知是誰冒出這麼一句。

我們愣了一下，四處看了看，確實好像少了誰。

「他應該知道要上班吧？」

「是不是昨晚喝過頭，還在睡？」

「X！我值班耶……別搞我啊……」

然而，電話打不通，寢室也沒看到人，問明哥家人，也說不知道。

大家開始緊張了。

下一顆炸彈何時爆開？

明哥是工作超過二十年的老學長。雖然不是績效過人，但至少該做的工作都能完成，平常對大家也都很親切。

頂多就是喝了酒之後，嘴巴會一直停不下來，說勤務哪裡不好、待遇哪裡不夠。但大家也都習慣了，知道他拿起酒瓶時，要閃遠一點。

可是明哥抱怨歸抱怨，也一直任勞任怨，沒有過缺勤。但為什麼會突然找不到他，大家都很意外。

看著學弟妹一臉驚慌，我雖然也有些驚訝，但心裡倒是很平靜，只是心想著：「又一個啊。」

工作這麼多年，類似的情況，我看過三次。都是這種平常好好的同事，突然間，人不知去向。

事發前，沒有什麼徵兆，也沒有遭遇什麼重大變故。昨天還跟你有說有笑，今天就突然不告而別。幸好，連同這一次在內，最後都平安無事。

他們都跑到山裡、海邊，說要一個人靜一靜。幾個小時後，就回來上班了。

既然沒發生什麼意外，大家也就當作沒發生什麼事。

至於下一個炸彈什麼時候爆開？爆開的會是誰？沒有人可以回答。

說不定，自己就是下一個。

鴿子沒有眼淚

沒有碰到什麼大事，也不是遇到什麼難題。就只是，**我感覺不是我自己了**。

每天醒來，我都要花很長的時間回歸現實，再如同機械般，穿上始終如一的制服。

最後，對著鏡子，努力調整嘴巴，讓自己還能擺出喜怒哀樂的表情。
我是專業的警察，所以我不能有情緒。
就算他們再怎麼刁難，我都要冷靜。
就算他們再怎麼憤怒，我都要冷靜。
就算他們再怎麼傷心，我都要冷靜。
當他們把各種負面情緒投射給我，我都要承受下來。
你能看到火神的眼淚，但鴿子沒有眼淚。

最後，我連自己現在是什麼心情，都不知道了。我也想不起來上次發自內心的大笑，是什麼時候的事了。
雖然下班了，但我還是在等待不知道什麼時候會響起的電話。
雖然要放假了，但我只會想到兩天後上班，還有什麼待辦事項。
雖然正在放假，但我一直想著是不是有沒做的事。
事情永遠都做不完，也永遠都覺得自己有事情沒做完。

與死人沒什麼差別

晚上八點放假時，我人就直接癱在床上，一覺睡到隔天下午三點，像是要把工作五天沒睡到的份都補回來似的。

然而，睡得再久，身體還是一樣沉重，也無法止住頭痛。醒來後，我會一直坐在床上，直到入夜再躺下，在床上輾轉難眠。

閉上眼睛，出現的是滿桌滿櫃未處理完的公文；上次處理的死亡案件，腐爛見骨的遺體；被民眾惡意檢舉，長官質詢的場面；被車撞倒的同事，整張臉滿是鮮血；之前遭到攻擊，突然揮到眼前的刀光；聽到兒子噩耗的家屬在眼前哭喊的景象……

好久，沒有作夢了，已經什麼都不想做了。

無論吃什麼，都嚐不出味道。無論看什麼故事，都只覺得空虛。無論去什麼地方，都無法真正的放鬆。無論做什麼，都覺得沒有意義。

除了還在呼吸，我其實與死人沒什麼差別。

最令人難受的，是孤獨感

如果只是工作上的疲累，並不會讓我如此痛苦。處理案件，如果能夠解決民眾的問題，我會覺得很踏實。排解糾紛，如果能平安排解，我會很有成就感。壓制衝突現場，就算身上掛彩，我還是會認為自己有所貢獻。

真正痛苦的，是你知道自己大多在做無意義的事。

我漸漸發現，長官那些冠冕堂皇的說詞，是多麼的空虛。簽那些巡邏箱，一點意義也沒有。就算我們什麼都不做，社會秩序依然平穩。自己在處理的這些績效，對治安一點幫助也沒有。那些無意義的勤務，只是為了讓長官得到更多嘉獎。

我……到底在這邊做什麼啊？每天上班，重複沒有任何意義的工作，愈來愈覺得自己沒有價值。

工作愈久，無力感愈深。我們看似做了很多事，但其實什麼也沒做到。績效數字堆得愈多，把長官送到更高的位置，但我們還是沒有解決那一些問題。

但最令人難受的，是孤獨感。

美國警察專欄作家提姆・迪斯（Tim Dees）寫過一篇〈警察希望大眾瞭解的十五件事〉，最後一件事，就是「你不瞭解警察」：即使你的父母、兄弟姊妹、鄰居是警察，也是，除非你真正做這份工作幾年，否則你永遠不會明白它。

很多人會說支持警察，但很少人想理解警察

沒人瞭解警察，恐怕連警察自己都很難瞭解。

即使我的親友都很關心我，試圖瞭解我的工作，但我很難跟他們解釋清楚。

他們無法體會我們所面對的一切。

他們在螢幕上看到的故事，是我們所處的現實。

漸漸地，我們理解自己在這個社會上是孤獨的。

雖然很多人會說支持警察，但很少人想理解警察。

他們看到了警察這個群體，可是卻鮮少注意到其中被制服所掩蓋的警員。

會來找我們的，大多都不是什麼好事情。我們眼前的人，多半不會給我們好臉色。我

們做的事，永遠不會符合對方的期待。

對大眾來說，警察出現都不是什麼好消息。大家避之唯恐不及的地方，就是我們所在之處。

我們守護社會，但我們也被社會排除在外。

我告訴自己，一切正常

雖然我知道自己已經不健康了，但是我還是告訴自己，一切正常。因為，大家都是這樣的。

警察一直被教育要能忍受挫折，如果出問題，那麼就是你太脆弱。久而久之，我們習慣無論什麼情緒都要壓抑住。能夠毫無感情的面對所有事，才是一個專業的警察。

但真的有辦法這樣嗎？或者我們已經扭曲了，卻還假裝自己很正常？

有學長突然把槍拔出來，然後又慢慢地放回去。

有學長跟民眾講話，講著講著，直接往他臉上打一拳。

有學長去頂樓升旗一直沒下來。同事去找他，才發現他一直蹲在牆邊，盯著樓下的地面，不發一語。

看到他們，我們告訴自己：「似乎我還不是最糟的，所以我沒有問題。」

因為我們更怕別人覺得我們有問題，警察是不會出問題的。

儘管我們知道總有一天一定會發生「什麼」，但我們卻當作不知道。

我們墜落在深淵中。

等待，並懷抱絕望

「這顆是肝的、這顆是血壓的、這顆是……」

滿頭白髮的學長向我一一仔細介紹盒中鮮豔的藥丸，可能比對警察法規還要熟悉。

這些藥構築了他下半輩子的人生，也將會是我未來的生活。

十九歲的暑假，我在高雄的一間派出所實習。

那裡有許多近五十歲的老警員，一樣每天十二小時輪班，跟我們一起站這些不知為何而排的勤務。

唯一不同的是，他們通常都會隨身攜帶著一堆藥物。

「這顆是肝的、這顆是血壓的、這顆是……」滿頭白髮的學長向我一一仔細介紹盒中鮮豔的藥丸，可能比對警察法規還要熟悉。
這些藥構築了他下半輩子的人生，也將會是我未來的生活。

活在「任務結束，一路好走」恐懼中

警察不只會遇到執勤中的高風險，還有長工時、變形工時、日夜顛倒、作息不規律、營養失調、久站對膝蓋造成傷害、廢氣與毒物在內臟不斷累積、巨大聲響造成聽力受損、遭遇創傷的壓力……這段歲月所累積的一切會不斷侵蝕你的生命。
你每天都能感覺自己的身體正在不斷地變糟，但你只能接受這一切，繼續走完這充滿苦痛的長路。

大家總是這麼說：「嘿，你們要懷抱希望。」但我不知道要如何懷抱希望。
在一個平均壽命八十歲的國度，你的平均壽命只有六十二歲。之後，你的長官還跳出來說：「不，不，警察的平均餘命還有六十九歲，只比一般國民的平均餘命少六年而已。」
當你二十歲的時候，你被宣告將比周圍的人少活近二十年，而你之後還得活在隨時會被別人說：「任務結束，一路好走」的恐懼中。就算你真的平安到了可以安享晚年的時候，你的晚年還是比別人短暫，且更痛苦。

那該有什麼樣的感覺呢？

懷抱希望，對我們來說是沒有意義的。

警察的職業疾病比例，逐年升高

台灣警察的職業疾病在過去幾乎沒有什麼學術討論，甚至在法律上，也不存在這樣的概念。

但在國外，早已有非常多的研究。顯示警察的心血管疾病、代謝症候群、癌症罹患率與死亡率，遠比一般人高，甚至還有逐年升高的趨勢。

長年研究美國警察壓力與身心問題的水牛城大學公共衛生與衛生專業學院教授約翰・維奧蘭提（John M. Violanti）指出，警察的平均餘命較短，可能的原因包括壓力、輪班工作、肥胖與危險的工作環境。

美國警察罹患心血管疾病的機率較常人高出一倍、百分之四十的員警有睡眠障礙，而百分之三十三的韓國警察有代謝症候群。

荷蘭有一項研究，發現警察每工作十年，罹患攝護腺癌的機率就會增加百分之六十七……那麼，在工時更長、休息時間更短、工作內容更繁雜、工作環境更惡劣的台灣，這些統計數字會有多可怕，我完全不敢想像。

然而，我幾乎找不到國內有相關的研究。

「你列的都是國外的研究資料，有沒有國內的？」合作警政議題的立法委員這麼問我。

但我根本找不到，是否政府根本不在乎警察很不健康這件事？

有的縣市可能會編預算，讓員警去醫院做健康檢查。於是你就去了醫院，聽醫師告訴你，你有多麼不健康，以及講你根本無法做到的醫囑，之後，再回到你那注定不會有健康日子的生活。

長官跟你說，他們的睡眠品質不好，但身為基層員警的你根本沒有充足的睡覺時間。

長官會說他們都有良好的運動習慣，但是你並沒有那種下班後去運動的餘裕。

長官跟你說，要有健康的飲食，不要吃消夜。但這只是你深夜勤的第一餐，你根本不知道該稱為消夜，還是早餐。

能不能活過此刻，都不知道

所以之前在議論公務人員年金改革時，許多政治人物、行政官僚、高階警官、學者一一討論警察有多麼可憐，退休制度應該要怎麼修正，但老實說，包括我在內的許多基層員警真的覺得，那離我們很遙遠。

我們連能不能活過現在，都不知道，又如何能想像二十年後的未來？那些在我們進入警界時，宣稱會有的福利，有多少人能夠實際得到？連一個能擁有健康生活的職場，都沒辦法給我們，我們怎麼可能覺得離開職場後的生活，會被好好照顧？

錢給夠了，生命就不重要了

每當又有一名員警，在執勤時遭遇意外殉職，或因為疾病猝死，爭執方向都會變成「要如何提高員警的撫卹」、「怎麼放寬員警從優撫卹的認定」，我都會很納悶，為什麼就沒有人想把這些撫卹，變成保護警察職業健康的經費呢？這些錢可以增加更多的警力，以減少工時；減少警察的業務量，讓員警有健康的生活；採購更好的裝備，保護員警勤務中的安全。

然而，我們得不到這些。

政府僅是付給我們廉價的加給，讓我們執行更多的勤務、提高我們用不到的死亡撫卹，彷彿在說「錢給夠了，生命就不重要了」。

「希望」這種東西，對我們而言太奢侈了。

美國警察專欄作家提姆・迪斯（Tim Dees）寫過一篇〈警察希望大眾瞭解的十五件事〉，最後一件事，就是「你不瞭解警察」：**即使你的父母、兄弟姊妹、鄰居是警察，也是，除非你真正做這份工作幾年，否則你永遠不會明白它。**

沒人瞭解警察，恐怕連警察自己都很難瞭解。

即使我的親友都很關心我，試圖瞭解我的工作，但我很難跟他們解釋清楚。

他們無法體會我們所面對的一切。

他們在螢幕上看到的故事，是我們所處的現實。

漸漸地，我們理解自己在這個社會上是孤獨的。

雖然很多人會說支持警察，但很少人想理解警察。

他們看到了警察這個群體，可是卻鮮少注意到其中被制服所掩蓋的警員。

會來找我們的，大多都不是什麼好事情。我們眼前的人，多半不會給我們好臉色。我們做的事，永遠不會符合對方的期待。

對大眾來說，警察出現都不是什麼好消息。大家避之唯恐不及的地方，就是我們所在之處。

我們守護社會，但我們也被社會排除在外。

【後記】致未來的你

「人皆有夢，但多寡不同。夜間作夢的人，日間醒來發現心靈塵灰深處所夢不過是虛華一場；但日間作夢的人則是危險人物，因為他們睜著眼行其所夢，甚至使之可能。」——T．E．勞倫斯，《智慧七柱》

「倫哥，你怎麼不去當官？當官造福大家啊？」學弟這樣對我說。

「唉呀，我考不上三等啊。」

「怎麼可能，你都讀到政大研究所了，還寫文章嗆爆那些官，怎麼可能會考不上？」

「考官校需要準備的東西與寫論文不一樣。我還是比較喜歡做研究。」

「不然你去讀警大博士班啊？」

「嘿，這你就不知道了，警大博士班規定要三年內有考績甲，所以我根本資格不符啊！」

雖然這聽起來像在耍嘴皮子，但我是沒指望當官的。

我這十多年來，更從沒有為「要成為警官」準備過。

要當官，才有尊嚴?!

我剛畢業時，遇到一位長官，他預言依我的能耐「一定可以在警界高就」。我到職後的第一任所長，也說我看起來很機敏，肯定很有前途。

然而，十年過去了，我的同學、同事不少人都當上主管，我依然還是基層警員。

「一線三沒前途啊。要當官，才有尊嚴。」「考不上警大，只能當可憐的一線三。」

這樣的話語，在我們的周遭不斷出現。

當初在學校，班上就有很多同學排了「如何五年內上警大的時間表」，開始走上這條被大家所憧憬的成功之路。

在我開始當警察後，同寢室的學長也說：「當官多有尊嚴啊，可以修理基層。」並在牆上貼了鼓勵自己考試的標語。

其實，我並不是沒想像過，自己穿著兩線、三線的禮服，站在一群基層警員前訓話的模樣，但再怎麼想，那個畫面都很奇怪。

這顯然不是我想做的事，而且多那幾條線，我也沒有感覺更有尊嚴。

人事主任：「讀這個不能升官，多可惜啊。」

為什麼會這麼想呢？也許當年在廟會被那位交通組督導官羞辱後，我對當官就不抱有憧憬了吧。

就像那一位學長，某些人會覺得「當官可以這樣好有尊嚴，我也要當官」，而成為想考官校的動機。不過，我當時只覺得，如果當官的尊嚴是這樣獲得，那似乎真的有點可憐。

我無法想像自己在那個位置，對著一樣穿制服的同事說那種話，但我**更怕體制把我扭曲成我最討厭的樣貌**。

這麼多年過去，我沒有想過要當官。後來去政大研究所進修，送報告去人事室，主任問我為什麼不選警大，我還記得當時主任對我說：「讀這個不能升官，多可惜啊。」不過，我不覺得可惜，也不覺得一線三可憐。

變成巡官不會讓我得到尊嚴，然而身為一名專業的基層警員，有辦法為這個社會貢獻所學，我的心裡感覺很踏實。

實現「大家當警察很有尊嚴」的夢想

對於那些為了成為警官而努力的同事與同學，我覺得很羨慕，但我不是羨慕他們有了更多權力，而是羨慕他們有明確的理想，並為此懷抱希望。

那麼，我想做的是什麼呢？比起「我要當警官，才有尊嚴」這個現實，我更想實現「大家當警察很有尊嚴」這個夢想。

對很多人來說，當警察是個不得已的選項。「如果可以，我才不會當警察呢！」我聽過不少人這樣說。

在現實的壓力下，許多人感到迷惘，後悔自己的選擇。

不過，我並沒有對這件事感到後悔。雖然一路走來歷經波折，但還是有很多美好的回憶。

「這裡就是什麼都爛，但有一群好弟兄。」一位學長辦理離職時，在酒席間，向我們吐露的心聲，至今仍讓我難以忘懷。

環境是這麼糟糕，然而環境不是得一直如此。**文化、制度、習慣……都是發源自人的意念**，無論那是惡意，或是被扭曲的善意。**既然是人所創造，自然也能被人所改變**。可憐的不是一毛三，而是因為是一毛三就放棄的自己。

我想要證明，就算是基層警察，也可以做自己想做的事。

改變已然開始

這十年間，警察也有不少改變。雖然遠不及於時代變革的潮流，但這樣的改變仍讓我保持希望。我期待夢想終究會有實現的那天。

我回警專時，聽聞有些學生向學校要求要籌組學生會，實在令我驚訝。有愈來愈多的新血，他們不滿足於現今充斥病灶的系統，也不再只是聽命行事。他們開始為自己以及其他人思考，希望為了更好的未來而努力。

「現在的年輕一輩意見愈來愈多。想當年我們，哪敢有什麼意見？你就乖乖照著做就好。」

在一個服從命令是理所當然的時代，不只是警察，連人民也是如此。然而，現在已經無法只用命令就讓人民屈服了，因此同樣是人民的警察，為什麼要只因為命令，就必須奉獻自己的一切？

台灣警察，正是「平庸之惡」的化身。長官依循習慣，對基層展示權力；基層缺乏思考，對民眾行使權力。

我們有許多事情之所以要去做，並不是因為它對解決問題有幫助，只是為了滿足長官的需求，犧牲人民與基層員警的權益。

台灣警察有非常多不合時宜的規定，以及許多不被規定所拘束，任由長官依職權所下達的命令，它們都是「依法行政，謝謝指教」。

縱使早已被法律或公共行政學者所批判，但警察機關依然堅定「惡法亦法」的立場。然而，早在第二次世界大戰結束後，人們便反思縱容機關權力導致的災難。

如果法規忽視了實現公平正義的目的，只為了貫徹權力而消滅權利，那麼這樣的制度是否是我們所希望的？

我們是「穿著制服的人民」，非制度的奴隸

這是時代的趨勢，台灣警察要如何與趨勢對抗呢？繼續守護著古老的歷史，認為自己是不可撼動的存在？「警察本來就該這樣」、「警員與人民就該服從」，已然不切實際了。

當然，警察曾有一些美好的過往，也有值得傳承的價值。然而，固守歷史終究會被時代所拋棄，**如果要讓那些事物被未來給繼承，必然得經歷革新**。

也許有一天，我們能夠走出這狹窄的鴿籠，終於被認識到我們是「穿著制服的人民」，而不是制度的奴隸。

跟著這群好弟兄繼續走下去，看到那天的到來，已經成為我的夢想。

這個夢想對比「警政弊病」這個被豢養五十餘年的巨獸，是個微不足道的存在，隨時會被它給踐踏，但這個夢想並非遙不可及。

蹉跎十年，才想起自己的名字

對警察現狀不安的你，不必像過去的我，如此絕望。

我的過去，不是你的未來。

世界由人們的希望所編織而成，許多前輩付出的血汗，成為了我們走過的康莊大道。

為此，我也希望付出血汗，去守護他們的意志。

我衷心希望你依然記得自己是誰，懷抱著「我們應該愈來愈好」的信念，為了成就自己的夢想而活，而非為了成為體制的奴隸而生。

請對於身為警察，也身為人民的自己，感到驕傲。不是為了滿足長官，而是為了實現自我而努力。

我蹉跎了十年，才能想起自己的名字，找到自己應該走上的道路。如今，我只希望你不會重蹈我的錯誤。

相信只要**我們**一同為了更好的未來努力，**終會抵達那樣的終點。警察被社會所接納，被人民所理解，不再心懷恐懼，不必向權威低頭。**

一如警察之父皮爾爵士的理想一般，警察應與公民無異，身為大眾的一員，一同為實現理想的公民社會而努力。

如此，我便沒有遺憾了。

【附錄】媒體投書

《蘋果日報》：警察節過後 在下一個警察倒下之前

《蘋果日報》：由李茂生教授遭攔查事件談警察冗餘勤務刪減

《蘋果日報》：可曾想過 飛車追逐送掉多少警察性命？

《蘋果日報》：世大運開幕執勤員警心聲：那一天，被世界遺棄的人們

《蘋果日報》：學校、警察、駐衛警間的三角難題

《蘋果日報》：被懲處、免職，我們的權益誰來保障

《蘋果日報》：落實勞動正義，從檢警值日問題觀之

《蘋果日報》：最重視棒球的政府與無法打棒球的警專生

《蘋果日報》：建築在過勞與權力失控而成的「動保警察」 我們要嗎

《蘋果日報》：勿要用警察的血，來彩繪警察節的紅布條

《蘋果日報》：三千公尺的盡頭，警察生命的終點？

《蘋果日報》：一位基層警員：比員額更該重視的警力浪費問題

《蘋果日報》：人命也填不滿的警力缺口
《蘋果日報》：用基層員警性命搭築的「官場現形記」
《蘋果日報》：警察滿街走 民主倒退走
《蘋果日報》：你知道嗎 警察正對你錄影
《蘋果日報》：比人命更重要的警察信仰
《蘋果日報》：40年始終如一的「警察劫」
「公視新聞議題中心」：一個基層警察看見阮國非案暴露的警政問題
《蘋果日報》：被績效所追逐的警察
《蘋果日報》：釋憲後，公務員能得到救濟了嗎
《蘋果日報》：警察槍戰變秀場 專業盡失的攻堅
《蘋果日報》：身為警察 我所見的選舉
《蘋果日報》：警察夜店站崗，能逮捕病毒嗎？
「關鍵評論網」：鐵路警察之死所暴露的警政之惡：應守護的是警察尊嚴，還是警察本身？
《蘋果日報》：無限上綱的特種勤務安全
《蘋果日報》：易接觸感染源 員警恐成下個破口
《聯合報》：蒙眼不願面對真相的警察
《自由時報》：電子圍籬需檢討
《自由時報》：評台中警員調職爭議
「東森新聞」：「我沒看過你」不是臨檢好理由！警察合法攔查應奠基於「合理懷疑」

國家圖書館預行編目資料

活得像個穿制服的人：我是警察／王倫宇著.——初版.——臺北市；寶瓶文化事業股份有限公司, 2023.02

面； 公分,——（Vision；237）

ISBN 978-986-406-338-3（平裝）

1.CST:警察 2.CST:通俗作品

575.8 111021514

Vision 237

活得像個穿制服的人——我是警察

作者／王倫宇
副總編輯／張純玲

發行人／張寶琴
社長兼總編輯／朱亞君
資深編輯／丁慧瑋 編輯／林婕伃
美術主編／林慧雯
校對／張純玲・劉素芬・陳佩伶・王倫宇
營銷部主任／林歆婕 業務專員／林裕翔 企劃專員／李祉萱
財務／莊玉萍
出版者／寶瓶文化事業股份有限公司
地址／台北市110信義區基隆路一段180號8樓
電話／(02)27494988 傳真／(02)27495072
郵政劃撥／19446403 寶瓶文化事業股份有限公司
印刷廠／世和印製企業有限公司
總經銷／大和書報圖書股份有限公司 電話／(02)89902588
地址／新北市新莊區五工五路2號 傳真／(02)22997900
E-mail／aquarius@udngroup.com

法律顧問／理律法律事務所陳長文律師、蔣大中律師
如有破損或裝訂錯誤，請寄回本公司更換
著作完成日期／二〇二二年十月
初版一刷日期／二〇二三年二月三日
初版四刷日期／二〇二三年七月三日
ISBN／978-986-406-338-3
定價／三六〇元

AQUARIUS 寶瓶 文化事業

愛書人卡

感謝您熱心的為我們填寫，
對您的意見，我們會認真的加以參考，
希望寶瓶文化推出的每一本書，都能得到您的肯定與永遠的支持。

系列：Vision 237　書名：活得像個穿制服的人——我是警察

1. 姓名：＿＿＿＿＿＿＿＿　性別：□男　□女

2. 生日：＿＿＿年＿＿＿月＿＿＿日

3. 教育程度：□大學以上　□大學　□專科　□高中、高職　□高中職以下

4. 職業：＿＿＿＿＿＿＿＿

5. 聯絡地址：＿＿＿＿＿＿＿＿＿＿＿＿＿＿＿＿

聯絡電話：＿＿＿＿＿＿＿＿　手機：＿＿＿＿＿＿＿＿

6. E-mail信箱：＿＿＿＿＿＿＿＿＿＿＿＿＿＿

□同意　□不同意　免費獲得寶瓶文化叢書訊息

7. 購買日期：＿＿＿年＿＿＿月＿＿＿日

8. 您得知本書的管道：□報紙／雜誌　□電視／電台　□親友介紹　□逛書店　□網路
□傳單／海報　□廣告　□瓶中書電子報　□其他

9. 您在哪裡買到本書：□書店，店名＿＿＿＿＿＿　□劃撥　□現場活動　□贈書
□網路購書，網站名稱：＿＿＿＿＿＿＿　□其他＿＿＿＿＿＿

10. 對本書的建議：（請填代號　1. 滿意　2. 尚可　3. 再改進，請提供意見）

內容：＿＿＿＿＿＿＿＿＿＿＿＿

封面：＿＿＿＿＿＿＿＿＿＿＿＿

編排：＿＿＿＿＿＿＿＿＿＿＿＿

其他：＿＿＿＿＿＿＿＿＿＿＿＿

綜合意見：＿＿＿＿＿＿＿＿＿＿＿＿＿＿＿＿＿＿＿＿＿＿

11. 希望我們未來出版哪一類的書籍：＿＿＿＿＿＿＿＿＿＿＿＿＿＿

讓文字與書寫的聲音大鳴大放

寶瓶文化事業股份有限公司

（請沿此虛線剪下）

廣 告 回 函
北區郵政管理局登記
證北台字15345號
免貼郵票

寶瓶文化事業股份有限公司收

110台北市信義區基隆路一段180號8樓

8F,180 KEELUNG RD.,SEC.1,

TAIPEI.(110)TAIWAN R.O.C.

（請沿虛線對折後寄回，或傳真至02-27495072。謝謝）